Geheimnisse für Investitionen in Kryptowährungen

Inhalt

Was sind Kryptowährungen ... 5

Arten von Kryptowährungen ... 6

Die Welt der Kryptowährungen und der rechtliche Aspekt ... 7

Kryptowährungsmärkte heute ... 10

Was Sie bei Investitionen in Kryptowährungen vermeiden sollten ... 15

Tipps zur Investition in Kryptowährungen ... 21

Wie Cryptocurrency-Handelsstrategien funktionieren ... 26

Komponenten einer Kryptowährungshandelsstrategie ... 27

Wie man Kryptowährungen kauft ... 29

Wie man Kryptowährungen schürft ... 31

Die Rentabilität des Minings von Kryptowährungen ... 32

Beste Cryptocurrency-Handelsstrategien ... 33

Wie man in Kryptowährung Investition handeln ... 43

Die meistgenutzten Kryptowährungs-Investitionsstrategien im Jahr 2021 ... 44

Wie die Hebelwirkung auf die Investition genutzt wird ... 50

Schritte für den Handel mit Kryptowährungen ... 51

Tricks, um am Handel teilzunehmen ... 54

Die Psychologie des Handels ... 56

Wie man mit Kryptowährungen handelt, Schritt für Schritt ... 62

Arten des Handels ... 64

Was Sie über Exchanges wissen sollten ... 67

Wie man das beste casa da cambio für Investitionen auswählt ... 69

Die besten Exchanges zum Kauf und zur Investition in Kryptowährungen ... 71

Zu berücksichtigende Prognosemärkte im Jahr 2021 ... 75

Die Vielfalt der Kryptowährungen ... 79

Die profitabelsten Kryptowährungen ... 81

Welche Investition sollte man in der Welt der Kryptowährungen wählen? 83

Die Vor- und Nachteile einer Investition in Kryptoassets 84

Die besten Demo-Broker 88

Alternative Methoden zum Geld verdienen mit Kryptowährungen 92

Geheimnisse für Investitionen in Kryptowährungen

Die Popularität von Kryptowährungen steigt von Jahr zu Jahr, aber die Wahrheit ist, dass diese Vorliebe durch die Anzahl der Menschen unterstützt wird, die investieren und mit großem Erfolg Einkommen generieren, so dass es ein Sektor ist, dem man Aufmerksamkeit widmen sollte, um die Chancen zu nutzen, die er auf der wirtschaftlichen Ebene postuliert.

Aber wenn Sie immer noch nicht wissen oder nicht wissen, was ein Ethereum oder Tether ist, gibt es keinen Grund zur Sorge, die meisten haben nur mehr Nähe oder Wissen über Bitcoin, aber in Wirklichkeit gibt es mehr als 1000 Kryptowährungen auf der Welt, jede mit einem anderen Konzept, aber alle sind dezentralisiert, volatil und offen für aktive Transaktionen.

Was sind Kryptowährungen

Die Definition der Kryptowährung ist eine virtuelle Währung, es hat eine große digitale Ausdehnung, aber es fehlt die physische Präsentation, da es Kryptographie verwendet, wobei die Art und Weise, durch die Transaktionen erzeugt und verwaltet werden, in der gleichen Weise, alle Arten von Währungen sind ständig im Entstehen.

Die Haupteigenschaften einer Kryptowährung beginnen damit, dass sie physische Unterstützung hat, aber es ist virtuelle Liquidität, aus diesem Grund können sie nicht in physischen Geräten jeglicher Art gespeichert werden, auf der anderen Seite ist die Kryptographie für die Schaffung von Einheiten verantwortlich und wird nicht von irgendeiner Art von Regierung kontrolliert.

Der Hauptbetrieb dieses Mediums basiert auf der Blockchain-Technologie. Da sie nützlich ist, um immer mehr Einheiten zu generieren, ist es wichtig zu betonen, dass die Menge der Einheiten dieser Währung begrenzt ist.

Arten von Kryptowährungen

Es gibt eine Menge von Kryptowährungen, von Dash, Ethereum, Litecoin, und vieles mehr, obwohl die meisten nur die Popularität von Bitcoin kennen, der Unterschied zwischen den einzelnen ist die Art der Philosophie, die sie haben, alle verwenden im Allgemeinen Blockchain-Technologie, aber mit den Änderungen wird es effizienter zu verarbeiten.

Einige cryptocurrencies, verwenden sehr unterschiedliche Währung Formeln, wie einige haben eine unendliche Anzahl von Umlauf, während andere nicht durchführen oder gelten diese Maßnahme, das gleiche gilt für die Transparenz der Transaktionen, so dass bei der Investition ist es notwendig, finanzielle Wissen über diese Bereiche anzuwenden.

Die Welt der Kryptowährungen und der rechtliche Aspekt

Zunächst einmal ist das Konzept hinter Kryptowährungen wesentlich, sie sind digitale Währungen, die aus einer Kryptographie bestehen, die ein zuverlässiges Zahlungsmittel erzeugt, dies bewirkt, dass Fragen über den Betrieb der gleichen entstehen können, sowie eine Art von Gesetz, das ihre Verwendung schützt, um die Risiken zu berücksichtigen.

Wenn Sie darüber nachdenken, in eine Kryptowährung zu investieren, ist es wichtig, jedes Detail über die Risiken zu studieren, sowie die Art der Investition, die Sie bereit sind zu machen, da dies der Schlüssel ist, um jeden Schritt sicher zu machen, so dass Sie sich an die Anforderungen und Mechanismen hinter jeder Kryptowährung anpassen können.

Jedes Mal, wenn rechtliche und steuerliche Regelungen über die Welt der Kryptowährungen fortschreiten, da die Verwendung dieser Währungen fortschreitet und sich in verschiedenen Bereichen ausgebreitet hat, aber bei jeder Gelegenheit muss man mit dieser Eigenschaft der Volatilität, die Teil von ihnen ist, vorsichtig sein, und in vielerlei Hinsicht ist es immer noch ein sich entwickelnder Markt.

Das beste Beispiel für die wirtschaftlichen Veränderungen, die Kryptowährungen durchlaufen, sind die 20 %, die jede der Münzen sinken kann, d.h. in der gleichen Weise, in der sie steigen, können sie auch fallen, daher muss jeder Vorgang gemessen werden.

- **Regulierung von Kryptowährungen**

Die Behörden haben keine Eingriffsmöglichkeiten in Bezug auf Kryptowährungen, aber die Europäische Kommission entwirft weiterhin Methoden, durch die dieser Aspekt reguliert werden kann, insbesondere für eine direkte Kontrolle der Kryptoasset-Märkte, so dass sowohl der Verbraucher als auch der Investor auf Rechtssicherheit zählen können.

Diese Vision der Regulierung, die hinter Kryptowährungen steht, zielt darauf ab, diejenigen zu klassifizieren, die als sicher oder legal angesehen werden und als elektronisches

Geld betrachtet werden, weshalb sie von den Fachbehörden in Europa reguliert werden.

In Anbetracht der fehlenden Regulierung wurden Transaktionen mit Kryptowährungen mit der Blockierung von Kapital in Verbindung gebracht, was insbesondere beim Bitcoin nicht ganz zu leugnen ist, aber es ist nicht das wichtigste oder einzige Mittel, um diese Pläne zu verwirklichen, denn auch Bankinstitute haben sich darauf eingelassen.

Aus diesem Grund ist in der Agenda der Europäischen Kommission die Untersuchung der Geldwäsche enthalten, die darauf abzielt, jede Börse zu zwingen, unter der Regulierung zu bleiben, oder das ist, was angestrebt wird, in der Geldwäsche-Verordnung ist die Funktion der Börsen gedacht worden, um diesen Aspekt abzudecken.

Diese Erwägungen sind Motivationen, die im Entwurf des Gesetzes über Maßnahmen zur Verhinderung und Bekämpfung von Steuerbetrug enthalten sind, das in Spanien einen Wirkungsbereich hat, außerdem hat es eine ursprüngliche Formulierung, die auf das Gesetz 7/2012 zurückgeht, und versucht, eine Kontrolle über diesen Aspekt der virtuellen Währungen einzubauen.

- **Kryptowährungen und das Verhältnis zu Zentralbanken**

Derzeit wird die Einführung von Kryptowährungen durch die Zentralbanken mit Spannung erwartet. In dieser Hinsicht ist die chinesische Zentralbank eine der fortschrittlichsten in diesem Bereich, da sie ein solides Projekt hinter ihrer Kryptowährung DC/EP hat, während die Europäische Zentralbank noch keine Anzeichen zeigt, diesen Weg zu gehen.

Sobald die Zentralbank eines Landes in die Welt der Kryptowährungen einsteigt, entsteht eine direkte Veränderung der Geschäftsmodelle sowie der öffentlichen Verwaltung, was zu einer anderen Beziehung zwischen den Individuen und der Verwaltung führt - eine Revolution, die gut untersucht werden muss.

Kryptowährungsmärkte heute

Seit 2009, als Bitcoin auftauchte, öffnete es eine große Tür zu einer Welt von umfangreichen Investitionsmöglichkeiten auf mehr Kryptowährungen, so dass es 2013 ein Markt voller Investoren wurde, so dass es im Jahr 2020 schätzungsweise bis zu 2000 Kryptowährungen als Investitionsmöglichkeit gibt.

Die Kapitalisierung, die Teil dieses Marktes ist, wird ein großer Grund, Teil dieser Maßnahmen zu sein, es ist ein groß angelegtes Geschäft, das bis zu Hunderten von Milliarden in Bewegung kam, mit einer großen Nähe zu den Milliarden, es ist ein Medium, das viele Alternativen für die Teilnahme hat.

Zu dieser Skala des Marktes kommt die als Blockchain bekannte Technologie hinzu, die ein Sicherheitsangebot ist, was dazu beiträgt, die Popularität dieses Investitionsmediums zu steigern, es ist eine Neuheit, die sich vollständig eingependelt hat, aber es ist üblich, dass es Zweifel an den Investitionslücken gibt, diese verdienen eine Analyse dessen, was sie bedeuten.

- **Langfristige Investitionen in Kryptowährungen**

Es bezieht sich auf eine Art von Investition, die in Erwartung einer Preisänderung im Laufe der Zeit praktiziert wird, wobei eine einfache Position, in der Regel, dass die Vorliebe für eine Kryptowährung oder Bewegung, ist für 6 Monate bis ein Jahr gehalten, um diese Klassifizierung zu erhalten, es hängt alles von persönlichen Ansprüchen.

Einige Benutzer können eine Investition von bis zu 10 Jahren, das ist nach persönlichem Ermessen, sowie in Stufen entwickelt, oder wenn auf eine einzige direkte Aktion praktiziert, dies ermöglicht, bestimmte Ziele zu verfolgen, wie die Schätzung der Preis zu erwarten, um die Krypto zu verkaufen.

Zusätzlich zu dieser Vision ist es wichtig zu wissen, ob der Verkauf zu verschiedenen Zeiten oder teilweise durchgeführt wird, sowie ob das Unternehmen bereit ist, angesichts von Komplikationen auf eine kurzfristige Investition umzusteigen, d.h. in einigen Fällen ist es möglich, mit einem Strategiewechsel zu innovieren, wofür eine gründliche Untersuchung durchgeführt werden muss.

Bevor Sie sich für eine langfristige Investition entscheiden, sollten Sie prüfen, ob es ein solides Team gibt, das hinter der Investition steht, ob es eine nützliche preissteigernde Technologie gibt, ob Sie die Möglichkeit haben, eine Kryptowährung zu erforschen, und ob das Konzept auf die Lösung eines realen Problems abzielt.

Vor der Investition ist es eine Voraussetzung, von seinem Potenzial überzeugt zu sein, so dass es später kein Bedauern gibt, die Gründe für die Wahl dieser Modalität ist, dass der Investor eine größere Ruhe hat, um die Fluktuation nicht genau zu verfolgen, es ist ein geringeres Maß an

Stress, zusätzlich zu der Höhe der möglichen Gewinne zu erreichen.

- **Kurzfristige Investition in Kryptowährungen**

Bei einer kurzfristigen Investition ist es wichtig, sich daran zu erinnern, dass es sich um kurze Zeiträume handelt, um auf der Suche nach schnellen Gewinnen zu sein, die häufig verwendeten Zeiträume sind Sekunden, Minuten, Tage, Wochen und in seltenen Fällen sogar Monate.

Der Betrieb dieser Art von Investitionen wird durch die Beantwortung der Fragen der Höhe der Verluste, dass der Investor bereit ist, zu Gesicht, weil plötzliche Tropfen sind übliche Szenarien in dieser Welt, gibt es auch die Tatsache der Messung der Vorteile zu ernten, und Geduld ist erforderlich, um gut zu untersuchen jeden Schritt zu nehmen.

Die Fähigkeit, die technische Analyse genau zu verfolgen, wird zu einem vorrangigen Schwerpunkt, denn die üblichen Merkmale dieses Mediums ist ein großes Volumen von Operationen, es steht auch eine niedrige Marktkapitalisierung, und die Auswirkungen der sozialen Netzwerke auf diese Bewegungen ist wesentlich.

- **Wie man sich entscheidet, kurz- oder langfristig in Kryptowährungen zu investieren**

Um zu bestimmen, ob es günstiger ist, eine kurz- oder langfristige Investition zu wählen, gibt es keine magische Formel, sondern es hängt direkt von der Art der Ziele ab, die Sie haben, zusätzlich zu früheren Erfahrungen in der Welt der Kryptowährungen, so dass es am besten ist, langfristig zu denken, wenn es um die Planung eines Projekts geht.

Auf der anderen Seite, wenn es auf einer Vision oder Followup für neue Kryptowährungen auf dem Markt basiert, verbindet es viel mehr mit einer kurzfristigen Investition, obwohl es ein riskanterer Weg ist, aber sie sind immer noch gute Ideen, um Einkommen zu erhalten, weil es keinen Zweifel über das Potenzial von Kryptowährungen gibt, Geld zu generieren.

Das Detail, das auf jeden Fall überwiegt, ist, dass Sie Geld verlieren können, es ist eine Welt, die keine geschriebenen Regeln hat, es gibt keine Möglichkeit, die Bewegungen mit Sicherheit vorherzusehen, die einzige wichtige Prämisse ist, Geld zu investieren, dass Sie keine Angst vor dem Verlust haben, das ist, was Sie im Auge behalten sollten.

Was Sie bei Investitionen in Kryptowährungen vermeiden sollten

In einer modernen Welt, in der jeder Mensch aktiv über Kryptowährungen spricht und sie nutzt, haben sie sich als eine Art von finanzieller Freiheit etabliert, die man sich nicht entgehen lassen sollte. Es lohnt sich also, sich über diesen Bereich zu informieren, ohne dabei bestimmte Fehler zu übersehen, die täglich auf einer Vielzahl von Plattformen gemacht werden.

Wichtig ist aber, dass innerhalb des Lernprozesses die Monetarisierung jeder Aktion nicht aus den Augen verloren wird, so dass bei dieser Planung kein Geld verloren geht, denn wie Warrent Buffett andeutet, ist Regel Nummer 1, kein Geld zu verlieren, und Regel Nummer 2, die erste Regel nicht zu vergessen, dies ist eine Prämisse, um den Realismus zu wahren.

- **Investieren Sie nicht in die erste Website, die Sie finden**

Es ist sehr leicht, Geld zu verlieren, wenn man investiert, ohne die Sicherheit zu identifizieren, der Kryptowährungssektor hat eine große Anzahl von Websites, aus diesem

Grund ist ein Aspekt, den man schützen muss, die Lizenz, um frei mit jeder Funktion zu arbeiten, es ist ein Detail, bei dem man keinen Fehler machen darf, sonst ist alles komplett verloren.

Sobald Kryptowährungen in Mode gekommen sind, entsteht eine große Lücke, die Betrüger mit gefälschten Nachrichten ausnutzen können. Es ist ein Impuls, der sich über Benutzer mit wenig Informationen ausbreiten will, und Sie sollten nicht in diese Art von Falle tappen, egal, welche Art von Betrag Sie einzahlen werden.

Um diese Probleme beiseite zu schieben, ist es entscheidend, nach einer viel sichereren Investition zu suchen, wodurch Sie Teil eines völlig legalen Geschäfts werden und nicht versuchen, vor dem Problem der Provisionen wegzulaufen, aber das Wesentliche ist, dass Ihr Geld nicht verschwinden kann, denn anstatt in Ihre Brieftasche zu gehen, geht es an den Schöpfer der Website.

Zusätzlich zur Werbung können auch viele Telefonanrufe verwendet werden, um Websites zu fördern, und Kryptowährungskäufe, wenn sie am Ende ein Betrug sind, diese Art von Betrug Prozentsätze können mit einer Rolle

Skepsis beiseite gesetzt werden, Kontrolle ist nützlich, um keine Impulskäufe zu machen, die bereut werden.

- **Investieren Sie in einen Kurs, um etwas über Kryptowährungen zu lernen**

Für die Schritte innerhalb der Welt der Kryptowährungen, um zuverlässig zu sein, ist es wichtig, in sich selbst zu investieren, es schadet nie, jedes Stück Information am Ende können Sie es verwenden, um mehr Geld zu generieren, jede Entscheidung, die Ihr Geld in Gefahr bringt, braucht ein hohes Maß an Bewusstsein, sonst merken Sie, dass andere erfolgreich sind und Sie sind es nicht.

Das Thema Lernen zu ignorieren oder zu versuchen, auf eigene Faust voranzukommen, führt nur dazu, dass Sie eine Menge Zeit verschwenden, und in Investitionsangelegenheiten wird dies nicht als gewinnbringend angesehen, solange Sie jedes Stück Wissen, das Sie benötigen, beherrschen.

Aber es kann nicht irgendein Training sein, Sie sollten nach Kursen suchen, die ratifiziert sind, und dass die Referenten ihre Ergebnisse nachweisen können, das Wesentliche ist, dass Sie ständig lernen, auch um zu vermeiden, dass diese Lernalternativen Ihr Geld behalten.

Anstatt nach einer Lernmethode zu suchen, die Ihnen nur erzählt, was Sie hören wollen, ist es besser, nach einem Mittel zu suchen, das eine Herausforderung für Sie darstellt, zusätzlich zur Vermeidung dieser irreführenden Werbung, in der sie Ihnen beibringen, wie Sie Ihr Geld schnell vervielfachen können.

- **Vermeiden Sie Käufe angesichts unbegründeter Prognosen**

Wenn Gefühle in die Frage des Kaufs und der Investition in Kryptowährungen involviert sind, ist das Ergebnis am Ende negativ. So werden oft in einem Markt gute Zeiten oder Vorhersagen zum Investieren angekündigt, aber es sind nur Positionen, die versuchen, die Gier der Nutzer auszunutzen.

Es ist leicht, Menschen anzulocken, wenn Konzepte gelehrt werden, wie z. B. solche, die darauf hindeuten, dass eine Kryptowährung unaufhaltsam steigen wird, da es leichtes Geld sein kann, aber in Wirklichkeit ist es ein einfacher Weg, und der Markt kann versuchen, diese Bewegungen zu erzeugen, um vom Kauf und Verkauf des Vermögenswerts zu profitieren.

Jeder Investitionsmarkt hat seine Oberseite Blase, sowie eine Unterseite, wo Sie leicht Geld verlieren können, aus diesem Grund sollten Sie immer mit jeder Schätzung oder Situation vorsichtig sein, vor allem, wenn Sie die Zukunft nicht vorhersagen können, ist der Wert unmöglich, mit Sicherheit zu kontrollieren, über jedes Versprechen.

- **Wählen Sie keine Kredite als Anstoß, um in Kryptowährungen zu investieren**

Eine klassische Regel, die man im Rahmen der Bewegung oder der Investitionsmaßnahmen befolgen sollte, ist, nicht zu investieren, was man in der Zukunft brauchen könnte. Aus diesem Grund ist es nicht empfehlenswert, sich zu verschulden, um Teil der Kryptowährungsbewegung zu sein, sonst können die Ergebnisse fatal sein, selbst wenn die Kryptowährung sehr vielversprechend ist.

Der Gedanke, dass Sie mehr Geld verdienen werden und einen Kredit aufnehmen, um die Investition zu erreichen, ist nicht die positivste Sache, denn wenn der Umzug oder die Wahl schief geht, werden Sie nicht in der Lage sein, den Kredit zu bezahlen, Sie werden eine Schuld erworben haben, dies in jedem Fall, variiert, denn es kann gut gehen und das ausstehende Geld abbezahlen, oder die Situation komplett verschlechtern.

- **Kaufen Sie nicht zu einem niedrigen Preis in der Hoffnung, dass sie nach oben gehen und werden Sie Millionär.**

In der Mitte des Marktes gibt es eine große Anzahl von Kryptowährungen, die nicht sehr bekannt sind, diese werden ohne zu fragen einfach nach ihrem Wert ausgewählt, um eine langfristige Investition zu erhalten, bis sie steigen, aber es ist keine Regel zu berücksichtigen, weil nicht alle Kryptowährungen auf die gleiche Weise steigen oder einen optimalen Wert erreichen.

Um dies zu vermeiden, ist es notwendig zu wissen, was hinter der Kryptowährung steckt, vor allem, wenn noch nicht viel Zeit seit ihrer Einführung vergangen ist, und es ist wahrscheinlicher, zu warten, auch wenn sie um 10 % steigen, anstatt Hoffnungen zu haben, dass sie 10 Mal mehr steigen.

- **Kaufen Sie nicht ohne Maß**

Blind zu agieren, Entscheidungen ohne Wissen zu treffen, ist ein schwerwiegender Fehler, vor allem angesichts der Statistik, dass mehr als 485 Unternehmen auf der Welt in einem

Jahr verschwinden, vor allem, wenn ein Blasen-Effekt ausgelöst wird, was bei den täglichen Exits von Kryptowährungen häufig der Fall ist.

Der Kauf von Kryptowährungen ohne Sinn und Verstand bringt keine Garantie mit sich, denn meistens erreicht diese Investition keinen produktiven Punkt, ohne zu vergessen, dass einige dieser virtuellen Währungen auf einem Betrug beruhen, deshalb ist die Studie über ihre Schöpfer der beste Schutz, um sich nicht zu verrennen.

- **Investieren Sie nicht, ohne zu wissen, was Sie tun**

Um kein Geld zu verlieren, ist es unerlässlich, zu studieren und zu verstehen, was Sie tun, egal ob Ihnen jemand anderes zum Kauf rät oder ob er Sie anruft, entscheidend ist, sich jeder Finanzinformation zu widmen und den Optionen der Plattform zu folgen, mit der Sie arbeiten, um auf diese Weise zu handeln, bedarf es einer Menge Vorbereitung.

Tipps zur Investition in Kryptowährungen

Die Entscheidungsfindung bei Kryptowährungsinvestitionen spielt eine Schlüsselrolle, um in dieser Umgebung weit zu kommen. Um in dieser Umgebung erfolgreich zu sein, ist jedoch auch die Wirkung oder der Effekt verschiedener Faktoren erforderlich, einer davon ist Disziplin, Vertrauen und die Verwendung von Risikomanagement-Tools.

Indem Sie sich dieser Art von Details, die unterschätzt werden, bewusst sind, können Sie das Potenzial, das Teil von Kryptowährungen ist, ausnutzen. Um ein optimales Niveau zu erreichen, müssen Sie die folgenden Aktionen entwickeln:

1. Forschung an Münzen

Die Informationen, die Sie über Kryptowährungen haben, sind entscheidend, je mehr Details Sie wissen können, desto besser für den Investor, es ist notwendig, Zeit zu haben, um genug zu wissen, auch jede neue Entwicklung der Blockchain-Technologie ist auch nützlich, ohne die Trends der Finanzmärkte aus den Augen zu verlieren.

Jeden Aspekt über die Kryptowährung zu verstehen, mit der Sie handeln, ist grundlegend. Um auf dieses Niveau zu kommen, müssen Sie eine kontinuierliche Forschung aufrechterhalten, da sich die Märkte immer schneller entwickeln und nach jedem Ereignis eine Reaktion oder Bewegung auferlegen, also ist es ein technisches Entwicklungstraining.

2. Entwerfen Sie einen Handelsplan

Die Bildung eines Handelsplans basiert auf einer umfassenden Studie, in der sich die Operationen widerspiegeln, dazu kommen die Details der Reaktion auf Risiken, zusätzlich zu den von Anfang an verfolgten Zielen, so dass Sie zwischen einer Strategie und einer anderen wählen können, ohne zu vergessen, Regeln für das Risikomanagement aufzustellen.

Inmitten dieser Planung können Sie auch die Details über einen Markt festlegen, so dass Sie mit größerer Geläufigkeit operieren können, es ist eine ständige Entwicklung der Fähigkeiten, eine Vision zu haben, die mit den Ereignissen des Marktes verbunden ist.

3. Ausbildung im Handel

Um Erfahrungen im Kryptowährungshandel zu sammeln, gibt es nichts Befriedigenderes, als ein Training durchzuführen, Sie können mit einem Demokonto beginnen, so dass Sie jede Option kennenlernen, jede Lesung, die die Plattform hat, und dies hilft, Ihren Handelsplan zu formen, es ist ein Test der Details.

Wenn Sie dann im Handel vorankommen, ist es an der Zeit, auf ein echtes Konto umzusteigen, sowie Online-Kurse und Seminare zu besuchen, die bei der Entwicklung von Handelsfähigkeiten helfen.

4. Setzt Strategien und Werkzeuge für das Risikomanagement ein.

Eine der gebräuchlichsten Maßnahmen zur Ausübung des Risikomanagements ist die Berechnung des festgelegten Risiko-Nutzen-Verhältnisses. Das bedeutet, dass vor der Erwägung einer Operation unbedingt bewertet werden muss, ob es sich lohnt, dieses Risiko im Austausch für die Erzielung dieses potenziellen Nutzens einzugehen, basierend auf der Höhe des potenziellen Verlusts.

Das Verhältnis, das Sie wählen, hängt von der Höhe des Risikos ab, das Sie bereit sind, zu betreiben oder herauszufordern, es ist im Grunde genommen eine persönliche Angelegenheit, ebenso wie die Art der Strategie, die Sie ausführen, es ist auch ein Thema, das in der Tiefe untersucht werden kann.

5. Setzt Stopps und Limits ein

Die Verwendung von Stopps ist sehr nützlich, da es hilft, eine Operation automatisch zu schließen, wenn der Preis eine Gegenbewegung hat, zu diesem Zweck müssen bestimmte Beträge festgelegt werden, es gibt einige grundlegende, die frei sind, die geschlossen werden, wenn ein Preis schlechter als der auf dem Markt geforderte eingestellt wird oder wenn es Lücken gibt.

Neben den Basisstopps gibt es auch garantierte Stopps, die eine große Hilfe beim Schließen von Operationen sind, sie folgen dem genauen Niveau des festgelegten Limits, aber für die Nutzung desselben muss eine Prämie gezahlt werden, und auf der anderen Seite gibt es die dynamischen Stopps, bei denen positiven Bewegungen gefolgt wird, aber sie sind angesichts schneller Änderungen nicht garantiert.

6. Diszipliniert bleiben

In jeder Art von Kryptowährung Handel, ist es wichtig, ein hohes Maß an Disziplin zu demonstrieren, jeder Schritt muss mit dem gewählten Plan ausgerichtet werden, so dass Sie vermeiden können, in irgendwelche Fallen zu fallen, ist es ein nützlicher Ansatz in jeder Hinsicht, so dass Emotionen nicht über jeden Schritt zu übernehmen, durchzuführen.

Das Wichtigste ist, einer gewinnenden Vision zu folgen, so dass die Operationen mit Verantwortung übernommen werden, das Wichtigste ist, diese Qualität der Ausrichtung auf die Operationen beibehalten zu können.

Wie Cryptocurrency-Handelsstrategien funktionieren

Es wird allgemein geglaubt, dass die Anwendung einer Handelsstrategie, einen Effekt erzeugt, ohne dass man sich Gedanken über die Leistung oder den Betrieb machen muss, aber die Wahrheit ist, dass sie manuell, halbautomatisch und sogar vollautomatisch angewendet werden können, es hängt alles von der Art der Präferenz des jeweiligen Investors ab.

Bei einer manuellen Strategie werden die Trades mit einer Ein- und Ausstiegsmethodik durchgeführt und die Ergebnisse über die Plattform angezeigt, während die halbautomatischen Strategien Plattformen ähnlich wie Tradingview verwenden, wo Kauf- und Verkaufswarnungen ausgegeben werden und alles verwaltet wird, sogar die Indikatoren.

Obwohl die Handelsaktionen vom Investor durchgeführt werden sollen, bis zum letzten Platz ist der Handel automatisiert, er basiert auf einer 100%igen Technologieleistung, wodurch die Markteintritts- und -austrittssignale von Bots erzeugt werden, die den fairen Regeln für das Öffnen und Schließen von Trades folgen.

Komponenten einer Kryptowährungshandelsstrategie

Für die Durchführung einer Handelsstrategie kommt eine Art des Handels ins Spiel, die durch verschiedene Elemente unterstützt wird, wie z.B. die Verwendung von technischen Indikatoren, die geeignete Art und Weise, jede Marktbewegung zu lesen. Es ist wichtig zu lernen, mit diesen Elementen zu arbeiten, um Klarheit im Handel zu gewinnen und erfolgreich zu sein.

1. Diagramme Plattform

Dieses Medium ist ideal, um mit den Indikatoren in Kontakt zu kommen, jede Art von Strategie kann auf diesem Raum reflektiert oder manifestiert werden, außerdem erlaubt alles, einige persönliche Indikatoren zu programmieren, so wird es wichtiger, diese Webseiten zu betrachten, Sie müssen nur ein Konto erstellen, um jedes Tool zu benutzen und zu lernen.

2. Technische Indikatoren

Jede Art von Strategie verwendet zwischen 1 und 3 Indikatoren, diese arbeiten hauptsächlich, um die Handelssignale genau zu verfolgen, und es gibt immer einen Indikator, um eventuelle Fehler herauszufiltern, die auftreten können.

3. Seteos

Indikatoren haben Sätze, jeder hat seine eigene Konfiguration, Sie können die Operation mit einem einzelnen Indikator nicht mit der Verwendung einer ganzen Reihe von technischen Indikatoren vergleichen, die miteinander verkettet sind.

4. Alarme

Bei der Entwicklung jeder Operation ist es wichtig, kein Detail aus den Augen zu verlieren, daher müssen die meisten Strategien Warnungen haben, um einen Kauf oder Verkauf zu tätigen.

5. Pegel und Signale

Jede Art von Strategiemodell erfordert die Lieferung von Signalen, die nicht verwechselt werden können, um eine effektive Verfolgung des Eintritts und Austritts aus dem Markt zu haben, dies ist eine Möglichkeit, die Operationen vor der Manifestation von Verlusten zu schützen, dies hat auch großen Nutzen für die schrittweisen Austritte.

Jede dieser Komponenten ist wichtig, um eine genaue Analyse zu haben. Der Betrieb muss so fehlerfrei wie möglich sein, kann aber jederzeit an Ihre Ziele angepasst werden, um eine effektivere Performance als Investor zu entwickeln.

Wie man Kryptowährungen kauft

Die wichtigsten Möglichkeiten, Kryptowährungen zu kaufen, ist erstens unter einem Kauf oder durch Bergbau, die erste ist eine der am meisten praktiziert, stattdessen die zweite bezieht sich auf eine viel mehr zugänglich Weg, auf der anderen Seite die zweite ist ein Umfang von einem höheren Maß an Rentabilität.

Der Kauf dieser virtuellen Währungen ist nicht weit von der Investition von Waren, die Unterscheidung ist auf der Plattform, und derzeit gibt es eine Menge von Websites in dieser Funktion spezialisiert, aber das hat unterschiedliche Klassifikationen nach ihrer Verwaltung oder Entwicklung von Optionen auf dem Markt.

Im Fall von Kryptowährungs-Wallets ergibt sich eine Reihe von Optionen, die eine andere Art von Betrieb und Sicherheit bieten. Nach der besten Klassifizierung auf diese beiden Elemente werden die folgenden Alternativen geordnet:

- **Kalte Geldbörsen**

Es entspricht einer Hardware, d.h. einem physischen Gerät, durch das die Münzen aufbewahrt werden, es dient als großer Schutz gegen Diebstahl, aber es ist komplex zum Zeitpunkt der Durchführung bestimmter Transaktionen.

- **Portfolio-Anwendungen**

Es handelt sich um eine Software, die eine Simulation in Form eines Portfolios durchführt. Der Zugriff erfolgt durch Herunterladen des Programms auf den Computer, wodurch jede der Marktalternativen ausgenutzt werden kann.

- **Online-Portfolios**

Es ist ein weit verbreitetes Modell heutzutage, der Zugangsmodus zu ihnen ist online, es ist nur eine einfache Internetverbindung notwendig, es ist nicht notwendig, einen Download durchzuführen, der Vorteil dieser Wahl ist, Transaktionen ohne jegliche Komplikation durchführen zu können.

- **Häuser tauschen**

Entsprechend einer Kryptowährungsbank ist die Bedienung, die sie anbieten, ähnlich wie bei einem Broker, es ist eine einfache Möglichkeit, Kryptowährungen zu kaufen und gleichzeitig zu verkaufen.

Wie man Kryptowährungen schürft

Es ist eine zweite Möglichkeit, in Kryptowährungen zu investieren, und sie wird durchgeführt, indem man Teil einer Gruppe von Menschen ist, die mathematische Algorithmen lösen, so dass sie Fragmente über die digitale Währung erhalten können, die sie schürfen. Das bringt Sie dazu, darüber nachzudenken, wie dieser Prozess abläuft und was es braucht, um auf diese Ebene zu gelangen.

Das erste, was Sie brauchen, um Kryptowährungen zu minen, ist ein Computer, und wenn Sie nach einem spezielleren Niveau suchen, ist es notwendig, eine spezielle Maschine zu implementieren, daran haftet die Berücksichtigung des Wertes, den die digitale Währung besitzt, die Sie beabsichtigen zu minen, da dies die Anforderung an die Leistung der Maschine ist.

Es ist wichtig abzuschätzen, dass während dieser Operationen ein großer Bedarf an Stromverbrauch besteht, dies ist auf die Tatsache zurückzuführen, dass es eine große Anzahl von Menschen gibt, die abbauen, was das Potenzial der Maschinen herausfordert, dazu kommt die Abschätzung der Rentabilität, denn wenn diese Ausgaben das übersteigen, was Sie verdienen, macht es keinen Sinn, dieser Linie zu folgen.

Aber im Laufe der Zeit werden verschiedene Alternativen zum Mining von Kryptowährungen vorgestellt, dies ist bekannt als Cloud-Mining, was getan wird, ist eine höhere Mining-Leistung über eine Mining-Farm zu mieten, wenn ein hohes Maß an Macht gewonnen wird, desto höher die Gewinne erzielt.

Aus diesem Grund sollten Sie, anstatt sich darauf zu konzentrieren, spezialisierte Geräte in Ihren Einrichtungen zu haben, nur für einige bezahlen, die sich an einem anderen Ort befinden, aber die Leistung ist geringer, dafür gibt es Unternehmen wie Cloud Mining, wo die Mining-Leistung abgetreten wird.

Die Rentabilität des Minings von Kryptowährungen

Denken über Bergbau cryptocurrencies, nicht nur macht Sie über eine Widmung der Zeit zu denken, aber wie oben erwähnt, es hängt alles von der Menge der Ausrüstung benötigt, so, bevor Sie dies tun, die folgenden Schätzungen sind Schlüssel als:

Ausrüstung und Investition für dieselbe.

Das Niveau des Wettbewerbs auf dem Markt.

Preis oder Wert des Verbrauchs, um eine Verbindung aufrechtzuerhalten, die den Abbau ermöglicht.

Die für den Betrieb des Geräts erforderliche Kühlung.

Basierend auf diesen Variablen ist, dass Sie eine Entscheidung treffen können, sowie einen Vergleich auf dem Niveau der Rentabilität, dass diese Option hat, aber es ist eine der am zweithäufigsten angenommenen Maßnahmen nach dem Handel, so lohnt es sich, die entsprechenden Möglichkeiten zu studieren, um den entsprechenden Schritt zu machen.

Beste Cryptocurrency-Handelsstrategien

Die große Menge an Kryptowährungen, sind eine Versuchung, um zu versuchen, Geld zu generieren, indem Sie in einem dieser, es ist eine breite Möglichkeit, auch Aktien von Apple, oder Amazon, wobei eine der wichtigsten Aktien, die in diesem Markt verfügbar sind, mit so viel Vielfalt, erhöht die Bedeutung der Entscheidung eines jeden Investors.

Aus diesem Grund geht es darum, die richtige Kryptowährung zu entdecken, in die man investieren kann, und die beste Strategie, die diese Investition erleichtern kann. Um Ihre Erfolgschancen bei diesen Investitionsschritten zu erhöhen, sind diese Tricks denen ähnlich, die bei der Spekulation mit Forex, Futures, Aktien und anderen Arten von Märkten angewendet werden.

Diese Strategien führen eine einfache Methode, wie Sie sie testen, können Sie die eine, die am besten funktioniert, ohne zu vergessen, eine enge Forschung, um die Trends zu halten, so dass Sie richtig zu betreiben, daher die folgenden Schritte sind sehr gut bekannt und sicher zu implementieren.

1. **Kaufen und Halten Strategie**

Diese Art von Aktion in der Welt der Kryptowährungen basiert auf einer Akkumulation von Kryptowährungen, wobei versucht wird, sie zu einem niedrigen Preis zu erwerben. Es ist eine Art, ein Projekt zu bilden, um in einen Vermögenswert zu investieren, der akkumuliert werden kann, wenn sein Wert gesunken ist, was passiert, weil die Trader einen Teil ihrer Investition zurückziehen.

Diese Art von Position erfordert Vertrauen, um auf diesem Vermögenswert zu bleiben, bis sich sein Wert verbessert, ist es ratsam, Kryptowährungen zu wählen, mit denen Sie zuvor Erfahrung haben, ohne zu übersehen, dass die Gründe für den Fall eines Vermögenswertes, ist aufgrund der Bewegung der Börsen, aber Vorsicht ist geboten.

Diese Art der Investition kann profitabel werden, da die Leistung der Kryptowährung, die Sie im Sinn haben, um diese Strategie anzuwenden, untersucht wird, denn nicht alle haben eine hohe Rendite, sondern sind ein Mittel, um schnell Geld zu verdienen, so dass hinter jedem Projekt eine gründliche Untersuchung stehen sollte.

2. Bahnbrechende Strategien

Im Moment des Handels mit Kryptowährungen kann diese Art von Strategie ausgeführt werden, da sie eine von denen ist, die eine hohe Gewinnspanne generiert, solange die richtigen Aktionen angewandt werden, diese Option wird in verschiedenen Märkten ausgeführt, da sie nach Kryptowährungen entwickelt wird, die sich in der Anfangsphase inmitten eines Trends befinden.

Der Ausbruch wird durch ein Konzept verwaltet, das sowohl von Anfängern als auch von Experten verstanden wird. Der Händler sucht nach Einstiegspunkten, die als solche bekannt sind, an denen der Preis im Begriff ist, Ausbruchsbewegungen einzuleiten, entweder über Unterstützungs- und Widerstandszonen, die in eine andere Richtung gehen.

In der Welt der Kryptowährungen wird ein Warten oder eine Erwartung des Preises generiert, so dass er den Anstieg mit einem wichtigen Widerstand brechen kann, auf diese Weise kann eine Kaufposition beim Fall einer Unterstützung, die als Basis bekannt ist, eröffnet werden, was bewirkt, dass eine Verkaufsposition eröffnet werden kann.

Die Wette innerhalb dieser Strategie, konzentriert sich auf den Ausbruch, als Vorherrschaft des Widerstands, bis erwartet wird, dass der Preis in Richtung des Widerstands sinken kann, was dazu führt, dass er zu einer Unterstützung wird, für die kommende Erwartung einer zinsbullischen Erholung, auf der Suche nach dem Preis in der Nähe der Unterstützungszone, damit die Volatilität wächst.

Die obige Situation bedeutet nur, dass die Preise in einer Ausbruchsrichtung bleiben werden, für jedes Ausbruchs-Top wird die zukünftige Volatilität berücksichtigt, wodurch die Preisbetrachtung erhöht wird, mit Doppel-Hoch, Dreifach-Hoch, Schulter-Kopf-Schulter, Flaggen und Dreiecken als Preisformationen.

3. Strategien zur Trendverfolgung

Ein Grundprinzip, das diese Art von Strategie hervorbringt, ist zu berücksichtigen, dass alle Märkte einen Aufwärts- und Abwärtstrend während 30% der Zeit haben, das gleiche passiert in der Welt der Kryptowährungen, daher ist die Anwendung einer Trendfolgestrategie effektiv und mit einem profitablen Ergebnis.

Solange ein Händler in einen langfristigen Trend einsteigen und sich darauf einlassen kann, werden positive Ergebnisse erzielt. Manche Markttrends können ihre Wirkung über Tage, Wochen, Monate und Jahre beibehalten, so dass diese Art des Handels eine bedeutende Größenordnung darstellen kann.

Diese Art von Strategie wird durch das Studium von Trends entwickelt, wie sie klassifiziert werden können, bis der Preis im Rückgang ist, um Ihnen zu ermöglichen, zu investieren, vor allem genießen oder nutzen die Kauf- und Verkaufspreise der Gelegenheit, da sie in der Nähe der Hochs und Tiefs des Marktes sind.

Obwohl bei gefährlichen Niveaus Vorsicht geboten ist, da es ein großes Risiko von plötzlichen Umkehrungen gibt, aber im Allgemeinen ist diese Praxis sehr vorteilhaft, um diese Ideen zu entwickeln, gibt es eine Menge von Handelssystemen, vor allem für den Forex-Handel, und haben eine Marge von Erfolg wesentlich.

Aber bei der Anwendung von Handelssystemen in Kryptowährungen muss man ihre volatile Qualität berücksichtigen, ohne die Oszillationen zu vernachlässigen, so dass es zu spät sein kann, den richtigen Zeitpunkt für den Einstieg in den Markt zu finden, diese Bewegungen sind stark und können eine falsche Illusion des Trends zeigen.

Falsche Signale sind Aspekte, die innerhalb dieser Strategie zu bekämpfen sind, dies geschieht aufgrund der Bewegung des Marktes mit Preisbereich, an diesem Punkt kommt der mentale Faktor ins Spiel, denn es ist vita tolerieren bestimmte Operationen zu verlieren, bis Sie die erwartete Operation, die einen starken Trend verfolgt gestatten kann.

4. **Dollar-Cost-Averaging-Strategie**

Diese Strategie erfordert nicht so viel Forschung, noch dauert es eine Menge Zeit, um durchzuführen, es beinhaltet den Kauf einer bestimmten Menge einer Kryptowährung, verschiedene Intervalle werden verwendet, es geht Hand in

Hand, wie der Preis nach oben oder unten bewegt, diese Intervalle sind in der Regel auf der Grundlage von Monaten festgelegt.

Diese Art von ausgewähltem Kaufpreis kann gemittelt werden und ist ein Preispunkt, der entweder sehr hoch oder sehr niedrig ist und zu einem Gewinnergebnis führen sollte, als ob ein Pauschalbetrag im gleichen Zeitintervall gekauft worden wäre, was ein sehr logisches Szenario ist.

Das praktische Beispiel, um es zu verstehen, ist, $1000 in Bitcoin zu investieren, aber anstatt alles auf einmal in der gleichen Operation zu tun, machen Sie eine Ausgabe von $200 am ersten Tag eines jeden Monats, auf diese Weise können Sie innerhalb des Kaufs für 5 Monate teilnehmen, wobei eine Gesamtausgabe von $1000, aber der Kauf der Bitcoin ist nach diesen 5 Preisen gemittelt.

Dies hilft dem Anleger, die Kryptowährung zu einem niedrigeren Preis zu kaufen, denn er hat die Monate ausgenutzt, in denen ihr Preis gesunken ist, dies hat mit einer Analyse der Entwicklung des Kaufpreises zu tun, zu dem er Zugang hatte, daher kann eine technische Analyse durchgeführt werden, um sicherzustellen, dass der Durchschnitt gut gemacht wurde.

Um sich für eine Kryptowährung zu entscheiden, ist es wichtig, den Kursverlauf während der letzten 3 oder 6 Monate zu überprüfen, dies hilft, um sicher zu sein, dass die Kryptowährung Erholungsmöglichkeiten hat, dafür ist es wichtig, Vermögenswerte mit einer langen Existenzdauer wie BTC, LTC, NEO, OMG, unter anderem zu wählen.

Im Rahmen dieser Strategie sollte man es vermeiden, Währungen auszuwählen, die sich im freien Fall befinden, geschweige denn, dass es keine Geschichte der Erholung gibt, da es nicht mehr profitabel wäre, sich für diese Alternative zu entscheiden, da sie keine Preisspanne hat, um frühere Höchststände zu überwinden.

5. Ausgewogene Portfolio-Strategie

Bei der Suche nach einer ausgewogenen Investition lohnt es sich, diese Strategie in Betracht zu ziehen, die durch den Kauf verschiedener Kryptowährungen umgesetzt wird, um ein viel ausgewogeneres Portfolio zu haben, d.h. Sie können daran denken, in mehr als 3 Arten von Kryptowährungen zu investieren.

Wenn Sie ein Budget von z.B. $10000 haben, können Sie $2000 für jede Kryptowährung zuweisen, so dass es eine gerechte Art der Investition ist, die auch die Art des Risikos verteilt, die Sie mit diesen finanziellen Aktionen ausführen, wodurch die Rentabilität jeder einzelnen bewiesen wird und jede Art von Zweifel ausgeräumt wird.

Auf diese Weise hilft es zu bestimmen, welche Kryptowährungsklasse die höchste Erfolgswahrscheinlichkeit hat, so dass Sie bei der nächsten Investition auf nur zwei Optionen setzen können, indem Sie ihre Bewegungen testen und als Entscheidungsgrundlage die Art des Gewinns verwenden, den sie erzeugt haben.

Obwohl die üblichen Probleme dieser Strategie sind, dass wenn es einen 10% Gewinn in einer Kryptowährung gibt, wird er durch die Verluste reduziert, die auf den anderen Optionen erhalten werden, aber dies kann sich auch zu Gunsten ändern, indem man auf mehr als positive Ergebnisse zählt, es ist eine Verteilung der Risiken.

Der beste Ratschlag, um das Beste aus dieser Strategie zu machen, ist, in Kryptowährungen zu investieren, die in verschiedenen Nutzen verankert sind, sei es eine Münze, die dem Kapital gewidmet ist, andere der Sicherheit und so weiter.

6. Unausgewogene Portfoliostrategie

Diese Art der Investition beruht auf der Auswahl einer Reihe von Kryptowährungen, in die man investieren möchte. Nachdem man diese klare Vorstellung hat, geht man dazu über, für jede einzelne einen anderen Investitionsprozentsatz zuzuweisen, wobei der Unterschied zwischen der einen und der anderen mit dem vom Investor angegebenen Wert zu tun hat.

Für Kryptowährungen, die eine hohe Rendite haben, wird ein höherer Prozentsatz der Investition gewidmet, dafür muss man über diejenige nachdenken, die die höchste Rentabilität zeigt und es somit verdient, ein wenig mehr zu investieren, was dazu führt, dass das Portfolio mit einem Ungleichgewicht ausgesetzt wird, wobei man dem Instinkt und der durchgeführten Forschung folgt.

Die Prozentsätze werden bestimmt und bei jedem Kryptowährungskauf verwendet, es sei denn, die Ergebnisse weisen auf eine prozentuale Abweichung hin. Diese Strategie ist ideal für diejenigen, die es lieben, jeden Aspekt über Kryptowährungen zu erforschen, es ist wichtig, dass jeder Prozentsatz durch einen Grund gerechtfertigt ist, der durch die Forschung gegeben wird.

Wie man in Kryptowährung Investition handeln

Die Investition in cryptocurrencies ist auf einer großen Anzahl von Plattformen entwickelt, ist es wichtig, eine Website, die vertrauenswürdig und anerkannt ist, die am meisten nachgefragten derzeit ist Coinbase und Binance, in jeder gewählten Website, die folgenden Schritte entwickelt werden müssen:

1. **Wählen Sie eine Geldbörse aus:** Denken Sie über eine Art von Brieftasche, die Ihre Zwecke passt, die mit den besten Bewertungen sind Trezor, Ledger und Nano S.
2. **Geben Sie die Austauschplattform ein:** Sobald die Plattform, die als Exchange verwendet werden soll, ausgewählt wurde, ist es an der Zeit, die Operation durchzuführen.
3. **Wählen Sie die Krypto:** Die Krypto, die Sie kaufen möchten, müssen Sie auf der Plattform lokalisieren, um sie zu verfolgen.

4. **Überprüfen Sie vorher:** Es ist wichtig, dass Sie vor jeder Transaktion jeden Aspekt überprüfen können, es ist unerlässlich, die Menge zu bestätigen und die Kaufankündigungen zu aktualisieren.
5. **Führen Sie die Zahlung durch:** Wenn alles korrekt ist, schließen Sie die Zahlung aus Ihrer Brieftasche ab, so dass Sie in wenigen Minuten über den gewählten Betrag verfügen können.

Dies sind die einfachen Aktionen, um die Investition in der Kryptowelt durchzuführen, obwohl Sie diese Schritte mit Plattformen ergänzen können, die Transaktionen schnell durchführen, und was das Detail der Zahlungsmethode betrifft, können Sie je nach dem, was Sie besitzen, eine Plattform wählen, die damit kompatibel ist.

Die meistgenutzten Kryptowährungs-Investitionsstrategien im Jahr 2021

Solange Sie mehr Strategien oder Methoden lernen können, um mit Kryptowährungen zu arbeiten, werden Sie in diesem Sinne auch Erfolg haben, daher ist ein guter Weg, um diese Welt kennenzulernen, die Strategien zu verfolgen, die eine größere Anwendung haben, zusätzlich zur Berücksichtigung der Marktbedingungen und lernen Sie über Indikatoren.

- **Dollar-Kosten-Durchschnitt (DCA)**

Wie oben erklärt, ist diese Strategie eine der meistgewählten in der Welt der Kryptowährungen, weil sie auf regelmäßigen Käufen basiert, diese Aktionen führen dazu, eine Akkumulation zu erzeugen, bei der versucht wird, einen Chronometer der Marktbewegungen zu machen, bis zum Warten auf den geeigneten Modus.

Bei diesen Optionen muss die Volatilität des Marktes genau beobachtet werden, so dass im Laufe der Zeit gemessen werden kann, wie viel die Verwaltung eines solchen Teilkaufs gewonnen hätte.

- **Fundamentale Analyse**

Die Fundamentalanalyse wird als eine Suche nach dem Wert angewandt, dieser Wert, der Teil der Unternehmen ist, kann geschätzt werden, um zu wissen, wie viel man auf eine Aktie setzen kann, ist eine Schätzung, die dabei hilft, festzustellen, ob der aktuelle Preis für eine Aktie, weit unter ihrem Potenzial oder darüber liegt.

Wenn man sich die Finanzzahlen eines Unternehmens anschaut, ob Umsatz, Gewinnmarge oder andere, kann man eine entsprechende Entscheidung treffen, weil man die Art des verfügbaren Marktes studiert, die Konkurrenz, mit der das Unternehmen konfrontiert ist, das ist ähnlich wie bei der Überwachung von Kryptowährungen, also stehen dahinter Unternehmen.

Diese finanzielle Struktur einer Kryptowährung muss berücksichtigt werden, deshalb ist, wenn es darum geht, diese Analyse auf einer Kryptowährung zu praktizieren, ein großes Maß an Dokumentation erforderlich, denn das hilft zu wissen, welche Art von Vermögenswert es ist, und vor allem, ob es eine Nachfrage dahinter hat.

Im Idealfall, je mehr Transparenz es über die Kryptowährung gibt, desto bessere Entscheidungen können getroffen werden, obwohl diese Studie tiefer geht und sogar die Struktur des Netzwerks und die Art der Belohnungen für die Teilnahme daran berücksichtigt, aber die Grundlagen sind, den aktuellen Preis, das umlaufende Angebot und die Kapitalisierung zu verfolgen.

Der aktuelle Preis bezieht sich auf ein einfaches Element zu berücksichtigen, wie es ist der Wert, durch die es gehandelt wird, ändert sich dies je nach Art der Exchange, das Beste, was zu tun ist, um eine globalisierte Website wie coinmarketcap.com vorher zu konsultieren, um einen großen Durchschnitt auf den Austausch-Plattformen zu erhalten.

Das zirkulierende Angebot, das ist die Menge an Kryptowährungen, die voll im Handel sind, andererseits stellt dies auch das Gesamtangebot dar, das auf einem Kryptoasset verfügbar ist, aber meistens ist es die Menge, die auf dem Markt zirkuliert, das ist eine Unterscheidung, die man beachten sollte, weil sie Verwirrung stiftet.

Die Marktkapitalisierung ist ein Teil des aktuellen Preises, der mit dem Gesamtangebot multipliziert wird, dieses Element wird immer beobachtet, denn das Wesentliche ist, Münzen zu bekommen, die billig sein können, das ist ein Wachstumsraum, den man in Betracht ziehen kann, aber vielleicht gibt es dann nicht so viel Upside, wie man erwartet, aus diesem Grund ist es notwendig, jedes Detail zu beobachten.

- **RSI-Führung**

Er basiert auf dem Relative Strength Index (RSI), der ein Indikator ist, der nicht übersehen werden kann, weil er eine Unterstützung des Momentums oder der Bewegung von Kauf und Verkauf auf dem Markt hat, dies verlangt, dass es eine

Analyse der letzten Aktion gibt, die mit dem Preis zu tun hat, und der Preis ist mit einer Skala von 0 bis 100 normalisiert.

Manchmal, wenn der Wert niedrig ist, d.h. unter 30, wird er als überverkaufter Markt verstanden, und wenn er hoch ist, d.h. über 70, wird er als überkauft eingestuft, diese Maße weisen auf eine Preisänderung hin, deshalb ist es wichtig, die Rolle des RSI zu berücksichtigen, da er sich in dem einen oder anderen Extrem befinden kann.

- **Handel mit Brüchen**

Eine beliebte Strategie, die oben erwähnt wurde, ist das Breakout-Trading, bei dem die Ideen der Unterstützung, des Widerstands und des Kanals unter einer speziellen Funktion betrachtet werden, die gleichzeitig von anderen Metriken abhängen, die auf die Preisaktion einwirken, was hilft zu verstehen, ob das Folgende ein Maß für Stagnation oder Veränderung ist.

Unterstützung wird als Begriff verwendet, der sich auf den Bereich unterhalb des aktuellen Preises bezieht, sowie Widerstand, der als Begriff betrachtet wird, wenn er sich oberhalb des Preises befindet, diese Linie wird durch die Aktion verschiedener Elemente wie historische Preisaktion, psychologische Niveaus, Trendlinien und vieles mehr erzeugt.

- **Handel mit Hebelwirkung**

Der Handel mit Leverage ist eine der erfolgreichsten Maßnahmen, obwohl es eine der Aktionen ist, die mit dem höchsten Risiko verbunden ist, es ist eine Art des Handels, die mit großen Positionen entwickelt wird, so ist es für Benutzer, die Ressourcen oder Kapital haben, diese Maßnahme durchzuführen.

Dies ist eine Form des Geschäfts, die durch Leverage generiert wird, da sie auf einem Maß der Kreditaufnahme basiert, das heißt, wenn Sie 800 Dollar in Bitcoin kaufen wollen, weil Sie eine Idee haben, dass es steigen wird, aber Sie nur 200 Dollar besitzen, kann der Rest bei der Börse beantragt werden, um den Rest zu platzieren und die 200 werden eine Garantie sein.

Am Ende der Operation müssen die als Kredit erhaltenen Dollars zurückgegeben werden, aber der Gewinn wird behalten, es ist eine Möglichkeit, den Gewinn zu vervielfachen, aber es erhöht auch die Risiken in eine andere Richtung, denn das Geld kann sehr schnell verloren gehen, deshalb verlangen die Exchanges eine Reserve als Garantie.

Auf diese Weise werden diese Strategien postuliert, die zur Zeit einen großen Nutzen haben, weil sie die Methoden sind, die Ergebnisse bringen und die auch als die profitabelsten nach Meinung der Anwender dargestellt werden.

Wie die Hebelwirkung auf die Investition genutzt wird

Leverage ist eine direkte Beziehung zwischen persönlichem Kapital zusammen mit Kredit, d.h. auferlegt auf das, was in eine Transaktion investiert wird, wobei der Investor sich nur mit dem Konzept der Sicherheiten beschäftigen muss, um Zugang zu jenem Geldbetrag zu haben, der es erlaubt, Teil größerer Positionen zu sein.

Der Handel unter dieser Modalität, erzeugt eine große Öffnung zu großen Volumina, durch eine niedrige Anforderung, vor einigen hohen Zielen, ist es unmöglich, dass Sie mit Vorteilen rechnen, ohne sich für diese Maßnahme zu entscheiden, vor allem, wenn Sie nicht mit einem Kapital rechnen, um die Operationen zu stellen.

Leverage kann als eine große Chance gesehen werden, aber es kann zu einem zweischneidigen Schwert werden, weil das Risiko steigt, wenn man diese Art von Weg im Moment des Denkens darüber, Teil der Kryptowährungswelt unter großen Beträgen zu sein, es hängt alles von der Art des Erfolgs ab, den Sie haben.

Um es zu nutzen, müssen Sie ein großes Bewusstsein haben, aber der beste Indikator, um Entscheidungen zu treffen, ist ein Risikomanagement zu implementieren, so dass die Bewegungen gegen, so dass der Ansatz muss auf eine realistische Sicht konzentriert werden, Makler setzen eine Hebelwirkung Grenze, abhängig von der Anlageinstrument.

Der kluge Weg, um Hebel auf Trades zu nutzen, ist, die Anzahl der Broker zu kennen, die den Weg zu einem abschätzbaren Betrag für Ihre Ziele eröffnen, wobei Broker XTB, Broker Plus 500, Broker ActivTrades und viele andere mit einem zu berücksichtigenden Attraktivitätsgrad hervorstechen.

Schritte für den Handel mit Kryptowährungen

Bevor Sie mit dem Handel von Kryptowährungen beginnen, um Einkommen zu generieren, ist es am besten, eine logische Reihenfolge anzuwenden, so dass Sie finanziellen Erfolg erreichen können, das Befolgen der Konzepte ist der Schlüssel auf der Skala eines Anfängers, um Vertrauen mit jedem Schritt zu gewinnen, den Sie machen:

1. **Wählen Sie eine Plattform**

Wenn man über eine Plattform nachdenkt, sollte man sicherstellen, dass sie eine gesetzliche Regulierung hat, da dies als Schutz dient, um bequemer arbeiten zu können, es ist wichtig, diejenigen zu verwenden, die lizenziert sind, damit Ihr Geld sicher ist.

2. Legt die Risikogrenze fest

Risikomanagement und -toleranz ist eine Grenze, die hilft, die gesetzten Ziele nicht zu verlieren, geschweige denn, so viel Geld zu verlieren. Wenn Sie also einen Hebel oder eine andere Präferenz bevorzugen, die Sicherheit generiert, ist es unerlässlich, eine Lesart der Reaktion zu haben.

3. Bestimmt das Investitionskapital

Jeder Aspekt der Finanzen verdient es, organisiert zu werden, so dass die Investitionen einen Zweck und eine optimale Pflege haben, wobei eine möglichst positive Bilanz angestrebt wird, obwohl, wenn Sie über ein hohes Kapital verfügen, desto größer ist die Möglichkeit, eine bessere Strategie zu bilden.

4. Baut ein Portfolio auf

Dies hat direkt mit dem Kapital zu tun, denn wenn die Zahlen als große Unterstützung arbeiten, werden Ihre Bestrebungen, das Einkommen zu verdoppeln, zu vielseitigeren Aktionen, so dass Sie ein Portfolio haben können, in dem jede der zu tätigenden Investitionen nachvollziehbar ist.

5. Auferlegung von Verlust- und Gewinnobergrenzen

Der Zufall ist kein guter Verbündeter beim Handel mit Kryptowährungen, daher ist es wichtig, Obergrenzen festzulegen, die als Leitfaden dienen können, um Verluste zu kontrollieren und auf die Suche nach Gewinnen zu gehen.

6. Wendet alle Lernwerkzeuge an

Lernen über cryptocurrencies nicht aufhören, vor allem, wenn es um technische Preisanalyse kommt, ist jeder neue Trend eine Möglichkeit, eine effektive Strategie, die konsistent sind zu erstellen.

7. Auf oder ab

Es ist wichtig, eine Haltung der Erwartung zu haben, wenn Sie bullish als eine Erwartung, dass eine Kryptowährung wird steigen oder unter kurzen Trades, das hilft zu wissen, ob Sie den Handel lang- oder kurzfristig sind.

8. Aufmerksamkeit in den Nachrichten

In der Welt der Kryptowährungen beeinflusst der soziale und finanzielle Aspekt, das ist ein Vorteil, sich auf diese Betreiber zu konzentrieren, es ist eine Erscheinung der aktuellen Situation, die der Markt lebt.

Tricks, um am Handel teilzunehmen

Die Zusammenstellung von Tricks für den Handel, arbeiten als ein Leitfaden selbst, obwohl es keine wundersame Weise, diese Schätzungen sind sehr nützlich, da sie wichtige Punkte, die viele Händler sind in der Regel auferlegt, und verhindert, dass häufige Fehler gemacht werden können, so zu wissen, sie, erhöhen Sie Ihre Fähigkeit als Investor.

Diese Tricks können sowohl beim Trading, als auch bei jeder anderen Art von Finanzinstrumenten befolgt werden, seien es die Devisenmärkte, Aktien, Forex, Rohstoffe und vieles mehr. Sie können sich an den Aspekten orientieren, die Sie am meisten brauchen, um Einkommen zu generieren, ohne zu vergessen, dass die Einstellung ein Schlüsselelement ist.

- Beim Handel mit Kryptowährungen muss jeder Prozess ernst genommen werden, da es sich um ein eigenes Geschäft handelt.

- Emotionen werden beiseite gelegt, wenn es darum geht, Entscheidungen im Zusammenhang mit Kryptowährungen zu treffen, da sowohl Gier als auch Angst schlechte Ratgeber sind und der Erfolg davon abhängt, bestimmte psychologische Aspekte unter Kontrolle zu haben.
- Das Investieren in Kryptowährungen ist ein Prozess, der Geduld erfordert. Sie können nicht daran denken, in einem einzigen Vorgang oder sogar zu einem bestimmten Datum Millionär zu werden.
- Die Erwartungen im Handel müssen extrem realistisch sein, sonst kommen Sie nicht weiter.
- Pessimismus ist auch nicht eine Hilfe über den Handel, Erfolg ist möglich mit der Praxis, Analyse, und nie aufhören zu lernen, weil cryptocurrencies besitzen eine sehr erstaunliche Trend der Skalierung und Innovation, gibt es keinen Grund, dass Einkommen Bildung ohne Kämpfe aufgeben.
- Lesen ist eine wesentliche Ressource während des Erlernens des Handels, vor allem, um eine Menge von Strategien zu verstehen, die auf den Handel auferlegt werden, wenn Sie nicht genug lesen, folgen Sie einfach eine Strategie ohne Sinn, und es ist schwierig, zwischen einer von ihnen zu wählen.

- Am Anfang ist es am besten, einfache Strategien auszuprobieren, damit sie an die Ziele Ihres Handelsplans angepasst werden können, denn Einfachheit ist der Schlüssel zur Generierung von Einkommen.
- Beim Üben können Sie direkt an die Praxis denken oder auf Demokonten trainieren, um Vertrauen zu gewinnen.
- Die Rentabilität des Handels zählt nicht auf zweite Wahl, die Basis besteht auf Disziplin, Arbeit und Geduld.
- Der Betrieb innerhalb des Tradings sollte mit Geld erfolgen, das man verlieren kann, d.h. es sollte nicht selbst eine Lösung für die persönlichen wirtschaftlichen Probleme sein, die man hat, sondern als alternative Einnahmequelle dienen.

Die Psychologie des Handels

Der Erfolg des Handels, als eine der Formen der Kryptowährungsinvestition, hängt von bestimmten Schlüsselfaktoren ab, in erster Linie ist es der Investor selbst, der jede Aktion auf der Grundlage von Wissen und Erfahrung durchführen muss, dies wird durch ständige Praxis und Hingabe zum Verständnis jedes Details erreicht.

Aber all dies wird direkt vom Verstand des Anlegers verarbeitet, da es sich direkt auf die Einstellung auswirkt, die Emotionen vollständig zu kontrollieren, um den richtigen Weg als Anleger nicht aus den Augen zu verlieren, ist der Erfolg in dieser Tätigkeit nicht weit von einem anderen Aspekt Ihres täglichen Lebens entfernt.

Wie bei der Ausübung einer Sportart ist es notwendig, eine große Vorbereitung durchzuführen, sowohl psychologisch als auch in Bezug auf das Wissen, so dass man das Beste aus den Gelegenheiten machen und die Hindernisse überwinden kann, aus diesem Grund ist die Psychologie des Handels für einen Anfänger entscheidend, um seinen eigenen Strategen zu entwickeln.

1. Furcht

Angst ist kein guter Begleiter, um die Risiken bei einer Investition, bei einer Operation einzugehen, diese Art von Gefühl kann in zwei Richtungen geteilt werden, es kann eine Gelegenheit auftauchen, und wegen der Angst lässt man diese Alternative an sich vorbeiziehen, es ist eine Art, den Mut zu verlieren.

Eine andere Situation ist, dass Sie einen offenen Handel haben und die Angst dazu führt, dass er lange vor dem Erreichen des optimalen Punktes geschlossen wird. Ein Opfer der Angst zu sein, führt dazu, dass Sie sich nicht für die positiven Ereignisse des Handels öffnen, die nur zugänglich sind, wenn Sie sich erlauben, Geld zu verlieren.

2. Gier

Eine sehr übliche Emotion im Investitionsaspekt ist die Gier, da jeder Nutzer danach strebt, mehr und mehr Geld zu verdienen, was aber irgendwann zu einer übermäßigen Geschäftseröffnung führt, die eine große Anziehungskraft auf Risiken hat, die unnötig und sogar unlogisch werden.

In einem Markt kann man nicht die Kontrolle verlieren, da dies dazu führt, dass Operationen ohne ein Maß dazwischen auferlegt werden, weil man keine Geduld hat, die Art der sich ergebenden Gelegenheiten zu bewerten, daher ist es wichtig, ruhig zu sein, anstatt einfach das verfügbare Geld zu verdoppeln und zu verdreifachen.

Der Schlüssel, um diese beiden Feinde beiseite zu schieben, sind die folgenden Einstellungen, die von den erfolgreichsten Investoren der Welt entwickelt wurden:

- **Konfrontation mit verlorenen Operationen**

Spurts sind in der Investmentwelt gefürchtet, wenn es schlecht läuft, denkt man, einen Schuldigen zu finden, bis hin zu einem plötzlichen Strategiewechsel, da man denkt, dass die Verluste aufgrund eines schlecht gemachten Systems entstanden sind.

Die Änderung der Strategie ist keine Lösung an sich, vor allem, weil das Verlieren ein Teil des Handels ist, der Prozentsatz des Verlustes ist typisch sogar für die erfahrensten Händler, eine Lösung für dieses Szenario ist, ein gewisses Maß an Toleranz gegenüber dem Fehler zu behalten, um zu verhindern, dass die Angst Ihre Leistung übernimmt.

- **Empfindlichkeit bei Gewinnoperationen**

Ein paar positive Operationen sind eine faire Motivation, aber es muss vermieden werden, dass sie ein schlechtes Beispiel sind, dem man folgen sollte, das heißt, dass sie eine schätzbare Blindheit verursachen, denn vor dem Handel ist keine Person unfehlbar, niemand ist vor Verlusten gefeit, abgesehen von der Tatsache, dass niemand gerne verliert, ist es eine Tatsache, mit der man leben muss.

Ein Teil des Tradings ist es, sich einem ständigen Risiko zu stellen, daher muss man akzeptieren, dass es leicht ist, Geld zu verlieren. Aus diesem Grund ist Selbstüberschätzung ein einfacher Weg für negative Ergebnisse, weil man mehr Risiken eingeht, zusätzlich zum Unterlassen, seine Fehler zu akzeptieren.

- **Positives Denken**

Das Betreiben einer positiven Vision ist der Schlüssel, denn das bedeutet, dass ein hohes Maß an Überzeugung über die Strategie vorhanden ist, was dazu führt, dass erfolgreiche Operationen auftreten können, andernfalls mit negativen Gedanken sind nur ein direkter Aufruf für Fehler, indem mehr Aufmerksamkeit auf Angst.

Die positive innere Sprache erfüllt eine viel effektivere Ausrichtung, denn es ist ein bewussteres Selbstvertrauen, die Fakten des Handels aus einer konstruktiven Perspektive zu bewerten, das beste Rezept, um nicht zu scheitern.

- **Voller Realismus**

Um auf das Marktgeschehen reagieren zu können, muss man sich bewusst sein, was man tun kann und was nicht, denn man geht davon aus, dass der Markt eine große Unendlichkeit von Handlungen und Subjekten ist, die sich nicht auf eine Kontrolle beschränken lassen, so dass ein Handel die gleiche Möglichkeit haben kann, zu gewinnen wie zu verlieren.

Was Sie wirklich kontrollieren können, ist der Investor selbst. Die Art und Weise, wie Sie persönlich handeln, ist das, was den Trend für die Art von Ergebnissen vorgibt, die Sie erzielen können.

- **Beherrschung von Emotionen**

Emotionen wie Angst und Gier, sind innerhalb der Investition üblich, aber die Kontrolle oder Einschränkung von ihnen, ist das, was ein Vorher und Nachher kennzeichnet, mit der Erfahrung wird dies allmählich beiseite gelassen, das persönliche Handelssystem sollte mit jedem Ergebnis verbessert werden, das ist die grundlegende Mission.

Die Lösung, um diese Eskalation zu erreichen, ist, ein Demokonto maximal auszunutzen, weil es hilft, eine persönliche Note zu haben oder eine klare Position einzunehmen, mit diesen Tests können Sie Ihre Reaktionen optimieren, so dass Sie eine bessere Lesung auf der Investitionswelt haben.

Wie man mit Kryptowährungen handelt, Schritt für Schritt

Schritt für Schritt die Anwendung des Kryptowährungshandels zu verstehen, ist ein kontinuierlicher Fluss, um effektive Operationen unter dieser Methodik zu entwickeln:

- **Fundamentalanalyse, nach der Kryptowährung Ihrer Wahl**

Der Handel mit Kryptowährungen in verschiedenen Plattformen ist endlos, aus diesem Grund kann es kompliziert sein, die Investitionsmöglichkeit zu wählen, die Sie haben, ist es am besten für die mit der höchsten Marktkapitalisierung zu entscheiden, zusätzlich zu dem Niveau der Konsolidierung, die sich entwickelt, oder auch einige der niedrigen Kapitalisierung sind eine große Alternative.

Angesichts dieses Szenarios voller Zweifel ist es unerlässlich, eine fundamentale Analyse durchzuführen, bei der die technischen Eigenschaften, die Konkurrenten und vieles mehr analysiert werden, dazu kommt die Untersuchung der Rangliste der Kryptowährungen, um einem der beliebtesten Wege zu folgen, das Denken zu folgen ist ein Potenzial für die Zukunft, zusammen mit der aktuellen Situation.

- **Technische Preisanalyse**

Wenn eine Kryptowährung Ihr Interesse weckt, ist das nächste, was zu tun ist, die aktuelle Situation zu messen, nicht zu vergessen, die psychologischen Muster zu berücksichtigen, sie mit den mathematischen Indikatoren abzugleichen, um eine Vorstellung von der Richtung des Preises zu bekommen, es kann ein Aufwärtstrend mit einer langen Position sein.

Auf der anderen Seite muss bei Short-Positionen ein Abwärtstrend vorhanden sein, bis die No-Trade-Zone erreicht ist, in der die Studien nicht eindeutig sind, muss jede Position einen Sinn für das Studium behalten.

- **Marktsituation**

Die Meinung anderer Trader über eine Kryptowährung ist nützlich, um einen Weg zu wählen, so dass jede Nachricht einen großen Nutzen und Einfluss auf den Preis hat, so dass Sie diese Bewegungen analysieren können, bis Sie einen Vorteil gewinnen.

- **Extra Werkzeuge**

Nachdem man sich für den Investitionspfad oder -weg entschieden hat, sowie dafür, ob man einem Aufwärts- oder

Abwärtstrend folgt, geht es um weitere Alternativen, bei denen der Stop-Loss entsteht, bei dem der Prozentsatz festgelegt wird, der es nicht zulässt, dass sich die Verluste von dieser Zahl aus erhöhen, und der Stop-Profit bezieht sich auf den Wert des Vermögenswertes, bei dem die Operation geschlossen wird.

Auf der anderen Seite kann die Hebelwirkung eingesetzt werden, um das Engagement und das Risiko zu erhöhen, bis hin zum Eingriff des dynamischen Stop-Loss, um zu erkennen, wenn sich ein Vermögenswert zu seinen Gunsten bewegt.

- **Offene Position**

Das Nachdenken über jedes Detail, ermöglicht es Ihnen, Positionen zu öffnen, um Kryptowährungen zu handeln, ob kurz oder lang, es ist eine Ausführung, um Teil des Marktes zu sein, die Strategien der Präferenz über den Investor in die Praxis umzusetzen.

Arten des Handels

Über die Festlegung einer Handelsstrategie hinaus gibt es eine eingehende Betrachtung der Handelsarten, die in einer umfassenden Planung entwickelt oder durchgeführt werden können, das Wesentliche ist, dass Sie das Beste aus diesen Modalitäten machen können:

- **Intraday-Handel**

Der Intraday-Handel basiert auf dem Eröffnen und Schließen von Geschäften an einem Tag und versucht, schnell Erträge zu erzielen, indem er den untertägigen Preisbewegungen folgt, da die Positionen nicht über Nacht offen gehalten werden, um Risiken zu vermeiden.

- **Skalieren**

Scalping basiert auf einer Intraday-Handelsmodalität, die Hochfrequenz genannt wird, bei dieser Entwicklung werden kleine Gewinne angestrebt, durch eine große Anzahl von Operationen, es sind offene Positionen unter einer Trendlinie, die in den Markt ein- und aussteigen, diese Operationen sind für einen sehr kurzen Zeitraum.

- **Trendhandel**

Diese Art des Handels ist dem Scalping sehr ähnlich, da sie unter einer Position durchgeführt wird, bei der einer Trendlinie gefolgt wird, wobei das Ziel des Trendhändlers darin besteht, den Gewinn zu erhöhen, aber die meiste Zeit offen gelassen wird und auf eine günstige Preisbewegung gewartet wird.

- **Swing-Handel**

Es ist vollständig auf die Preisschwankungen gewidmet, dies wird während eines Trends durchgeführt, so dass Sie die volatile Seite, die Teil des Marktes ist, mit Bewegungen in beide Richtungen voll ausnutzen können, weil sie sich ständig entwickelnde Märkte sind, dies verursacht mehr Gelegenheit für Gewinn.

- **Positionshandel**

Diese Art des Handels, die verlangt, in einer Position für einen Zeitraum zu sein, der einen Tag übersteigt, kann eine Möglichkeit sein, für Wochen, Monate, sogar Jahre zu handeln, was bedeutet, dass weniger Operationen durchgeführt werden, im Gegensatz zu den anderen, so ist es ideal für diejenigen, die eine langfristige Investition suchen.

- **Automatisierter Handel**

Automatisierter Handel entspricht der Verwendung eines Programms, durch das Handelsaufträge angeboten werden können, um automatisch entwickelt werden, diese Art von

System hat ein einfaches Design, als auch komplex, das Wichtigste ist, dass sie angepasst werden können, um die Ziele auferlegt zu erfüllen.

Was Sie über Exchanges wissen sollten

Das erste, was zu klären, wenn es um Exchanges geht, ist sein Konzept, es ist eine Online-Plattform, die den Austausch ermöglicht, das heißt, Kauf und Verkauf von cryptocurrencies, innerhalb dieser Dynamik ist auch der Name oder die Funktion eines Austauschs Haus "Makler", die wie ein Online-Geschäft für den Wiederverkauf von crypto gewidmet ist.

Bei diesen Online-Diensten stellt sich die Frage nach der Art der Provisionen, die erhoben werden, da jede Wechselstube selbst als Vermittler auftritt und daher Kosten zu berücksichtigen sind, wie z. B:

- **Gebühren für die Zahlungsmethode**

Die meisten Exchanges erheben keine Kommissionen dieser Art, aber wenn der Emittent eine Zahlung leistet, um eine Art von Kryptowährung zu kaufen, entweder durch eine Einzahlung oder auf andere Weise, wird normalerweise eine Kommission hinzugefügt, oder es können auch Kosten für den

Währungsumtausch anfallen, wie es beim Kauf von Bitcoin mit Euro üblich ist.

- **Transaktionsgebühren**

Es handelt sich im Wesentlichen um den Spread, sowie die Kommissionen, die bei jeder Transaktion entstehen. Diese Art der Berechnung wird durch das gehandelte Volumen generiert, das fix oder variabel sein kann, alles in Abhängigkeit von den Marktpreisen.

- **Gebühren für Abhebungen**

Bei der Einzahlung von Geld auf das Konto sowie beim Kauf einer beliebigen Kryptowährung fällt eine Provision an, dasselbe gilt für die Abhebung von Guthaben, in der Regel werden zwei Arten von Provisionen festgelegt, die erste hängt von der Zahlungsmethode ab, die zweite basiert auf dem Wechselkurs der Währung.

Die üblichen Zahlungsmethoden, die in den Betrieb der Börse aufgenommen werden können, wird immer breiter, darunter ist die Kredit-oder Debitkarte, wobei eine der teuersten Alternativen, weil sie Provisionen von bis zu 3% auferlegen, auf der anderen Seite ist Paypal als eine weitere teure Option, erreicht bis zu 4% Provision.

Zu diesen Methoden kommen Banküberweisungen hinzu, die eine der meistgenutzten Möglichkeiten sind, und die Provisionen werden auf bis zu 1 % geschätzt, sogar Kryptowährungseinlagen entstehen, obwohl es nicht sehr sinnvoll ist, die Investition von Grund auf zu beginnen, aber wenn Sie bestimmte Währungen besitzen und sie gegen andere eintauschen wollen, dann ist es machbar.

Wie man das beste casa da cambio für Investitionen auswählt

Die Zweifel nehmen zu, wenn es darum geht, eine Wechselstube mit Raum für Wachstum zu wählen, aber es ist leicht, sich von der modernen Werbung blenden zu lassen. Eine Lösung dafür ist, die folgenden Kriterien anzuwenden, um eine geeignete Option zu wählen:

1. **Verfügbarkeit von Kryptowährungen**

Abhängig von der Anzahl der verfügbaren Kryptowährungen kann eine Entscheidung getroffen werden, in dieser Hinsicht halten sich nicht alle Börsenhäuser daran, aber sie beschränken sich auf eine viel begrenztere Anzahl von Optionen, also je größer die Anzahl ist, desto besser ist die Wahrscheinlichkeit, die Kryptowährung zu finden, die ein großes Potenzial für Profitabilität hat.

2. Provisionen und Zahlungsarten

Die Kosten variieren von einer Wechselstube zur anderen, jede erhebt eine andere Politik. Bevor Sie sich also für eine entscheiden, sollten Sie alle anfallenden Kosten abwägen, vor allem in Bezug auf die von Ihnen verwendete Zahlungsmethode, sowie die Gebühren, die sie für die Verwendung von Spreads und die Entsorgung des Guthabens erheben.

Zu diesen Einschätzungen gehört auch die Art und Weise, wie Sie Ihre Münzen bezahlen können, da es eine Voraussetzung ist, dass die Börse es Ihnen erlaubt, die Zahlungsmethode zu verwenden, die Sie haben, also ist es wichtig, nach einem Platz zu suchen, der es Ihnen erlaubt, ohne jegliche Einschränkung zu arbeiten.

3. Die Entscheidung für die Brieftasche

Mehrere Börsenhäuser bieten den Wallet-Service oder die Wallet-Modalität an, das heißt, dass Sie den Erwerb von Kryptowährungen in der gleichen Stelle der digitalen Geldbörse haben können, was jede Aktion der Registrierung in jeder zusätzlichen Börse spart.

4. Sicherheit

Jede Wechselstube muss sich am Faktor Sicherheit messen lassen, das bedeutet, dass sie Liquidität bieten kann, auch dass sie einen hohen Wert in Kryptowährungen von Hunderten von Millionen tragen oder haben kann, das beweist das Niveau der Zuverlässigkeit, und dazu kommt, dass sie Offline-Depot-Fonds haben, die einen Schutz gegen Angriffe haben.

5. Einzahlungs- oder Abhebungslimits

Genauso wie Sie eine Bank nach der Art des Betrages wählen, den sie Ihnen erlaubt zu bewegen, geschieht das Gleiche mit der Wechselstube, am ratsamsten ist es, dass sie nach Ihren wirtschaftlichen Möglichkeiten ist, d.h. weder so niedrig, noch so hoch, was Sie brauchen.

Die besten Exchanges zum Kauf und zur Investition in Kryptowährungen

Sobald Sie die grundlegenden Aspekte kennen, die die Wahl einer Börse beeinflussen, ist das nächste, was zu berücksichtigen ist, die Popularität, sowie die große Anzahl von Benutzern, die es hat, jeder Parameter oben erwähnt wird berücksichtigt, um die besten Exchanges zu entdecken.

- **Bitpanda**

Es ist eine Plattform mit großer Popularität, ermöglicht es Ihnen, Kryptowährungen zu kaufen, sowie Edelmetalle in einer einfachen Art und Weise, Sie können so wenig wie ein Euro zunächst investieren, und finden Sie mehr als 30 Vermögenswerte zur Verfügung, wie für den Kundenservice, sie haben einen aktiven Modus 24 Stunden am Tag, 7 Tage die Woche.

Es hat eine Betriebsweise, die sowohl an sichere Wallets als auch an solche, die offline sind, gebunden ist, kein Risiko birgt und mit den in diesem Bereich auferlegten Vorschriften übereinstimmt. Sie müssen nur das Konto erstellen, es verifizieren und eine Einzahlung von 25 Euro vornehmen, um über eine Investition mit einem großen persönlichen Portfolio von Vermögenswerten nachzudenken.

- **Binance**

Es ist einer der Börsen, die Brieftasche in seine Dienste aufgenommen hat, hat sich zu einem der am meisten verwendeten in China, und ist einer der größten in der Welt, hat den Handel von mehr als 100 cryptocurrencies, seine Popularität basiert auf das Angebot von Sicherheit, Liquidität, und auch Kundenservice, ist in mehreren Sprachen zusätzlich zur Verfügung.

Mitten in der Entwicklung dieser Börse hat sie ihre eigene Kryptowährung, ohne zu vernachlässigen, dass sie Wettbewerbe, Lernmaterial für Anfänger und vieles mehr anbietet, es ist eine Möglichkeit, offen zu handeln.

- **Coinbase**

Diese gilt als eine der größten Wechselstuben der Welt, sie ist in mehr als 100 Ländern tätig, seit 2012 entwickelt sie Dienstleistungen dieser Art, und 97 % ihrer Gelder werden sicher aufbewahrt, mit verschiedenen Zugangsmodalitäten, um jeder Art von Benutzer das Leben zu erleichtern.

Es ist wichtig, dass Sie sich vor jeder Operation über die Art der Provisionen informieren und außerdem die Zahlungsmethode finden, die mit Ihren Wünschen vereinbar ist, um so eine sichere Wahl für Ihre Interessen zu treffen.

- **Bitfinex**

Es ist eine Austausch- und Handelsplattform, die für jedes Projekt verfügbar ist, sie ist auch für den aktiven Kauf und Verkauf von Kryptowährungen in bar und auf Marge während des Handels verfügbar, obwohl sie eine große Vielfalt an Vermögenswerten hat, sind ihre Zahlungsmethoden nur auf Kryptowährungseinlagen und Banküberweisung beschränkt.

- **Flüssigkeit**

Dieser japanische Austausch Haus, hat eine sehr auffällige Volumen von Transaktionen, aus diesem Grund ist es als einer der besten positioniert, so dass bis zu 69 Token zu kaufen, zusätzlich zu den Zugang zu einer Handelsplattform, so dass Sie mit Hunderten von Münzen handeln können und ist leicht mit der Brieftasche verbunden.

- **Kriptomat**

Es ist eine der besten Alternativen, um Teil der Investition in Kryptowährungen zu sein, unter der Kreditkarte Zahlungsmethode, so dass es einfach ist, Teil dieser Welt zu sein, es ist eine Plattform, die keine Komplikation erzeugt, und ist ideal für Anfänger Benutzer, da jede Option gut erklärt wird.

- **Bitstamp**

Sie gilt als eine der größten Börsen in Europa, so dass ihr Betrieb auf kontinentaler Ebene wichtig ist, und sie wurde als eine der vier Börsen ausgezeichnet, die den Preis von Bitcoin bestimmen, was ein höheres Maß an Zuverlässigkeit ermöglicht.

Zu berücksichtigende Prognosemärkte im Jahr 2021

Marktprognosen sind an der Art des Trends verankert, der in der Welt vorherrscht, dies kann der Super Bowl sein, sowie das Finale der Fußballweltmeisterschaft, solche Auswirkungen auf die Welt, schaffen eine breite Prognose in Bezug auf die Märkte zu berücksichtigen.

Aber, es ist entscheidend zu wissen, was ein Vorhersagemarkt ist, dies ist bekannt als eine Form des Wahrscheinlichkeitshandels, alles wird auf der Grundlage des Ergebnisses eines bestimmten Ereignisses geschätzt, um auf diese Ebene zu gelangen, ist es wichtig, eine Sammlung von Informationen zu haben, da es viele Faktoren über diese Schritte beteiligt sind.

Obwohl, wenn es um die Preisbildung geht, die Teilnahme an einem Prognosemarkt Sinn macht, umfasst diese Art der Preisbildung den Wert der Aktien, die sich auf dem Markt befinden, jede Vorhersage spiegelt wider, was die Teilnehmer glauben oder als Endergebnis einschätzen werden, es basiert auf einem realen Ereignis, das eine Wahl beinhaltet.

Wenn sich Kryptowährungen allgemein ausbreiten, hat die Blockchain-Technologie selbst Lösungen und trägt zu einem dezentralen Modell bei. Deshalb dienen Prognosemärkte als dezentrale Protokolle, um den Ausgang von Ereignissen in Algorithmen durch das Erfüllen von Bedingungen zu verändern.

1. **Augur**

Es ist ein dezentraler Prognosemarkt, der durch das ERC-20-Protokoll, das zu Ethereum (ETH) gehört, entstanden ist, seit 2014 entwickelt wurde, einen der Basis-Prognosemärkte darstellt, um diese Mission der Demokratisierung des Finanzwesens zu erfüllen, und im Jahr 2018 wurde eine Freigabe für die Öffentlichkeit erteilt.

Eine der wichtigsten Qualitäten dieses Marktes ist, dass es als ein vollständig dezentrales Modell entwickelt wird, so dass jeder Benutzer in der Lage ist, einen Markt auf jede Art von Ereignis im Zusammenhang mit dem wirklichen Leben zu schaffen oder zu erzeugen, in der gleichen Weise hebt den Devisenhandel, die entwickelt wird.

Auf der anderen Seite gibt es die Möglichkeit, Handelsgebühren zu erheben und einen unbegrenzten Vorrat an Token, ergibt sich auch die Einrichtung eines incentivierten Community-Resolution-System, wie es die genaue Auflösung der

Ereignisse, die abgeschlossen sind, garantiert, wodurch mehr als 5 Millionen Dollar und noch wächst.

2. Gnosis

Dies wurde als einer der größten Vorhersagemärkte geformt, und wird als einer der ersten dApps auf dem Ethereum-Netzwerk eingestuft, in der Mitte dieses Marktes wird Crowdsourcing angewendet, um das Ergebnis der verschiedenen Situationen im Leben zu bestimmen, dies bewirkt eine offene Marktinstauration Funktion.

Jeder Benutzer kann einen Markt auf der Grundlage der Vorhersage zu schaffen, es beschäftigt eine zwei Token-System, bis zu einer Verteilung der Token über einen großen zentralisierten Teil, es wurde als einer der größten schnellsten ICOs in der Geschichte, es ist ähnlich wie Augur, aus diesem Grund sind sie die größte in Bezug auf die Vorhersage.

3. Stox

Dies ist eine weitere Vorhersage Markt, der das ERC-20-Protokoll von Ethereum folgt, es hat die gleiche Dynamik der anderen Märkte, die Suche nach einer dezentralen Leistung, in der Mitte der Leistung ist die Schaffung des offenen Marktes erlaubt, mit der Verwendung des nativen Token STX, es ist eine nützliche Währung für den Handel.

Im Fall von Bancor's Token, hat es eine reservierte Liquidität, dazu ist das Orakel und die Streitbeilegung als eine der herausragendsten Funktionalitäten eingebaut, aber es ist einer der umstrittensten und kritisiertesten Märkte, weil es mit Hilfe der Securities and Exchange Commission der Vereinigten Staaten angeklagt wurde.

4. **Delphy**

Es ist einer der Märkte als soziale mobile Vorhersage gebaut, es ist auf dem Ethereum-Netzwerk verbunden, seine Aktion gehört zu der Vorhersage von cryptocurrencies, bis es die Berücksichtigung von Ereignissen im wirklichen Leben enthalten, und seine Dynamik besitzt eine Qualität von einer hohen Transaktionsgeschwindigkeit.

Delphy hat einen eigenen Token für den Handel, bis hin zur zentralisierten Orakelübung, für jedes Ereignis wird diese Maßnahme angepasst, es hat einen chinesischen und asiatischen Fokus von großer Tragweite, in dem eine große Fähigkeit entwickelt wird, die Zukunft zu schaffen, an der alle Benutzer teilnehmen.

Die Vielfalt der Kryptowährungen

Die Schätzung der Kryptowährungen übersteigt den Betrag von 2000, jede Woche wird eine andere Schöpfung präsentiert, dieser Prozess ist als ICO bekannt, unter den beliebtesten sind Bitcoin, Dash, Neo, Tron, Litecoin, Ripple, Monero, unter anderem, dies ist breit und kann bis zu seiner rechtlichen Grundlage, mit einem entsprechenden Zitat konsultiert werden.

Die Vorschläge von Kryptowährungen hören nicht auf, jeder Aspekt bleibt unter Innovation, vor allem die Ausgabe von IPOs verschiedener Unternehmen, dies ist auffällig unter der Verwendung von ICOs, dies erfüllt die Funktion der Finanzierung von Geschäftsprojekten, die den Zugang zur Gründung neuer virtueller Währungen generiert.

Dies lässt Sie darüber nachdenken, in welche Art von Kryptowährungen zu investieren, dies wird unter den Möglichkeiten, in sie zu investieren, beantwortet, da es zwei Möglichkeiten gibt, dies zu tun, erstens durch den Handel und auf der anderen Seite ist das Mining von virtuellen Währungen, dies erhöht die Relevanz der Auswahl richtig den Vermögenswert und wie man es maximal zu nutzen.

In der letzten Zeit wurde die profitabelste Art von Kryptowährungen gemessen, d.h. unter der Leistung der einzelnen, um auf diese Art von Gewinn zu zählen, die wie folgt visualisiert werden kann:

- **Aave:** Es hat eine kumulierte Rendite von 6398,22% im letzten Jahr 2020.
- **Kusama:** Er hat eine hohe Rendite von 5222,37% im letzten Jahr.
- **Celsius Netowork:** Die Rendite liegt bei 3843,88 % als letzte Rendite.
- **Band-Protokoll:** Es hat eine Rentabilität von 2850,66 % der letztjährigen Entwicklung.
- **Theta Token:** Basierend auf 2299,39% Akkumulation im letzten Jahr.

Jeder dieser Sektoren wird von der Technologie angetrieben, jede Plattform wird verwendet, um täglich kommerziellen Austausch zu machen, dies erzeugt, dass jede Währung in einem privilegierten Platz platziert werden kann, dies verdient besondere Aufmerksamkeit, um nicht die Gelegenheit zu übersehen, in den attraktivsten Sektor zu investieren.

Die profitabelsten Kryptowährungen

Die aktuelle Rentabilität einer Kryptowährung garantiert nicht, dass sie in der Zukunft eine bestimmte Rentabilität haben wird, das ist eine Maxime des Marktverhaltens, vor allem, wenn die Entwicklung dieser Art von Währung so volatil ist, daher ist das Potenzial für Änderungen das Gebot der Stunde, basierend auf den erfolgreichsten Notierungen markieren die folgenden Währungen:

1. Bitcoin

Jenseits der Erscheinungen von Kryptowährungen ist der Bitcoin weiterhin eine der besten Investitionen in Bezug auf Kryptowährungen, seine Geburt markierte ein Vorher und Nachher, es gibt also viele Gründe, über eine Investition in Bitcoin nachzudenken, obwohl es Währungen mit höherer Wertsteigerung gibt, ist der Bitcoin diejenige mit der besten Zukunft.

2. Ethereum

Dies ist die zweite Alternative zu Bitcoin, es ist auch eine der am zweitbesten kapitalisierten Währungen, seine Kraft konzentriert sich auf die Entwicklung oder Verwaltung von intelligenten Anwendungen, aus diesem Grund wurden Ethereum und Ether als die profitabelsten im Jahr 2020 anerkannt.

3. Restwelligkeit

Sie basiert auf einer der Währungen mit der höchsten Kapitalisierung nach den vorherigen, ihr Wachstum ist auch ein bemerkenswerter Aspekt, daher hat sie ein hohes finanzielles Potential, und es ist keine neue oder Anfängerwährung, sondern sie hat 5 Jahre Erfahrung mit einer Basis auf Technologie, und erlaubt bis zu 1000 Transaktionen pro Sekunde.

4. IOTA

Es entspricht einem der profitabelsten Projekte, weil es einen tiefen Fußabdruck im Kryptowährungssektor hinterlässt, es versucht, eine große Anzahl von virtuellen Währungen im Internet hinzuzufügen, aber mit dem Unterschied, dass es eine Tangle-Technologie verwendet, die eine viel skalierbarere und schnellere Modalität im Vergleich zu Blockchain ist.

5. NEO

Es wird als das Ethereum Chinas bezeichnet oder klassifiziert, die Zukunft wird auf dem asiatischen Markt geschätzt, es ist ein Aspekt der Kryptowährungen mit viel Zukunft, obwohl die chinesische Regierung eine direkte Beteiligung an diesem Sektor hat, der mit der dezentralen Seite, die in dieser Welt üblich ist, platzt.

Welche Investition sollte man in der Welt der Kryptowährungen wählen?

Die Welt der Kryptowährungen bietet viele Möglichkeiten, die man nutzen kann, aber wie man anfängt und erfolgreich ist, ist die Unbekannte. Diese Wege sind eine weitgehend persönliche Entscheidung, aber meistens werden Bitcoin und Ether bevorzugt, da sie die wichtigsten Säulen dieser Art von modernen Finanzen sind.

Aber innerhalb jedes Netzwerks gibt es Optionen, im Fall von Ethereum die Alternative der Stablecoins, eine Kryptowährung, die mittels Bitcoin-Blöcken erzeugt wird, um den Marktpreis zu stützen, und die an die Vermögenswerte gebunden ist, an die sie gebunden ist.

Ethereum ist derzeit als riesiges Ökosystem konzipiert, es hat einen großen Einfluss auf das dezentrale Finanzwesen und erreicht einen Wert von 43 Billionen, was die Wahl dieser Art von Kryptowährung durch die Firma rechtfertigt, aber die herausragende Rolle von Ada kann nicht übersehen werden.

Ada cryptocurrency ist ein Vermögenswert mit einer Menge von Projektion, wie auch sehr auffällig Lumen, wobei ein Zwischenpunkt für die Währungsumrechnung, es ist interessant Welt mit großen Projekten, und jeder Fortschritt postuliert eine volatile Bewegung, so zu überwinden jedes Maß an Unsicherheit ist der Schlüssel zu erkundigen.

Die Vor- und Nachteile einer Investition in Kryptoassets

Die Problematik der virtuellen Währungen ist nicht einfach, das liegt an ihrem schlechten Verständnis, denn es ist für jeden Bürger schwierig, Teil dieser Dynamik zu sein, geschweige denn von der Figur des Fiat-Geldes, so genannt, weil es durch keinen Vermögenswert gedeckt ist, zu verstehen, dass es auf einer Reihe von gespeicherten Codes mit einem hohen Wert basiert.

Seit der Erschaffung des neuen elektronischen Geldsystems, das von Satoshi Nakamoto auferlegt wurde, ist die Leidenschaft für diese dezentralen Methoden gewachsen, egal welche Art von Unterstützung die Zentralbank hat, es ist eine völlig revolutionäre Idee, die Anziehungskraft, in diesen Sektor zu investieren, ist hoch.

Die Vorteile, die für den Einstieg in dieses finanzielle Umfeld in Betracht zu ziehen sind, sind die folgenden:

1. Werden als globale Währungen betrachtet

Virtuelle Währungen haben keine Art von Regulierung, d.h. weder der Staat, noch die Bank oder eine andere ähnliche Institution greift ein, was bedeutet, dass ihre Verwendung nicht durch eine Grenze kontrolliert werden kann, sondern ein globales Ausmaß darstellt, und ihre Verwendung wurde mit der Dynamik der E-Mail verglichen.

Kryptowährungen werden von den Nutzern dominiert, die Änderungen müssen von den Nutzern übernommen und vermittelt werden, jenseits jeder Verbesserung der Software.

2. Sie haben Sicherheit

In Bezug auf die Fälschung oder Vervielfältigung von Kryptowährungen gibt es eine geringere Inzidenz, es ist praktisch unmöglich, da es sich um eine kryptographische Technik handelt, die diese Art von Ereignissen verhindert, d.h. jeder Benutzer hat einen anderen kryptographischen Schlüssel, was dazu führt, dass jeder frei digitale Operationen durchführen kann.

3. Eine Gruppe von Kryptowährungen ist deflationär

Im Fall von Kryptowährungen wie Bitcoin und Litecoin handelt es sich um eine begrenzte Ausgabe, d.h. Bitcoin erreicht bis zu 21 Millionen, während Litecoin 84 Millionen erreicht, es ist eine Reduzierung, die im Laufe der Zeit verursacht wird.

4. Dies sind irreversible Austauschvorgänge

Ein Vorteil der Welt der Kryptowährungen ist, dass sie durch irreversible Operationen ausgeführt werden, was bedeutet, dass keine dritte Partei in der Lage ist, die Transaktion zu stornieren oder zu ändern, sobald sie durchgeführt wird, dies ist aufgrund der Tatsache, dass sie nicht in einer zentralen Stelle reguliert werden, noch gibt es einen Zugang, der in dieser Weise stört.

5. Sie sind Vermögenswerte, die Unmittelbarkeit haben

Kryptowährungen entsprechen der Qualität des elektronischen Handels, bei dem Zahlungen unter einer Ebene der Unmittelbarkeit entwickelt werden, was dazu beiträgt, eine

Verbindung mit internationalen Kunden oder Nutzern zu erzeugen, es ist eine vielseitige Zahlungsmethode, die jede Barriere durchbricht und einen globalen Austauschprozess schafft, ohne Verzögerungen oder lästige Vermittler.

6. Qualität als transparentes Gut

Jede Transaktion, die mit virtuellen Währungen getätigt wird, wird durch die Blockchain-Technologie durchgeführt, dies bewirkt, dass die Aktionen öffentlich sind, dass die Datei in einer Blockchain verbleibt, und ihre Sicherung in verschiedenen Computern liegt, dass die Speicherung für jeden Benutzer verfügbar ist.

Neben diesen Vorteilen gibt es auch einige negative Elemente, die nicht übersehen werden sollten, da sie Gründe dafür sind, dass sich bestimmte Bereiche der Gesellschaft von dieser Option abwenden, jede zukünftige Investition sollte Folgendes berücksichtigen

1. Hohe Wahrscheinlichkeit von Geldverlusten

Es besteht kein Zweifel, dass eine der größten Gefahren dieser Investitionswelt, wie alle anderen, das Risiko ist, aber dies ist zusätzlich zu jeder Art von Nachlässigkeit, die mit der Verwaltung der Brieftasche auftritt, da es auf die Sicherung des Passworts abhängt, und Hacks zu vermeiden, die das virtuelle Geld betreffen.

2. Negative Veränderungen durch fehlende Regelung

Derzeit gibt es, wie oben erwähnt, Fortschritte bei der Regulierung von Kryptowährungstransaktionen sowie Institutionen, die Transaktionen regulieren und der Europäischen Union angehören, so dass jede gesetzliche Änderung die Höhe der virtuellen Währungen, die Sie besitzen, oder die Art und Weise, wie Sie arbeiten, beeinflussen kann.

3. Misstrauen gegenüber Anwendern

Obwohl der Trend zu Kryptowährungen populär geworden ist, besteht bei den Nutzern immer noch eine große Skepsis gegenüber dem Handel, vor allem aufgrund von Preisschwankungen, sowie mangelndem Wissen, was die Kommerzialisierung dieser virtuellen Währungen behindert.

Die besten Demo-Broker

In der gleichen Weise, dass Sie einen Artikel gründlich kaufen, mit dem gleichen Ansatz sollten Sie üben, bevor Sie den Schritt in eine volatile Welt, so dass Sie Vertrauen gewinnen können Sie Zugang zu Demo-Broker haben, dies hilft, viel mehr zu lernen, und berücksichtigen Sie die Funktionen und Garantien.

Bevor Sie echtes Geld investieren, ist es zweifellos eine wichtige Option, im Voraus zu testen, um eine viel sicherere Linie zu verfolgen, können Sie ein Demo-Konto erhalten, um Ihnen zu helfen, zu skalieren, mit einer größeren Vertrautheit mit den Funktionen eines Maklers, können Sie mit diesen Alternativen beginnen:

- **Plus500**

Es ermöglicht den Handel mit Aktien, Indizes, Rohstoffen und vor allem Kryptowährungen zu üben, hat eine Regelung, um seine Operationen zu unterstützen, ermöglicht unbegrenzte Demo-Aktionen zu erfüllen, zusätzlich zu den Zugang zu allen Arten von Geräten zu haben, mit Anwendungen aller Art.

Um ein Demo-Konto zu haben, müssen Sie nur eine E-Mail, ein Passwort und finden Sie jede Option, die Teil dieser Software ist, können Sie ein Facebook oder Google-Konto verwenden, so dass Sie ein fiktives Gleichgewicht von bis zu 40.000 Euro haben, ist es sehr einfach zu bedienen und hat Alarme der Marktbewegungen.

- **xStation**

Um die Möglichkeit zu haben, im Handel Fuß zu fassen, ist dies eine effektive Option, mit einer Plattform, die für eine Vielzahl von Geräten vorbereitet ist, die Registrierung hängt nur von der E-Mail, dem Namen und der Identität, der Art des Kontos und dem Passwort ab, das fiktive Guthaben liegt bei etwa 20.000 Euro, für ein Limit von 4 Wochen Betrieb.

- **eToro**

Die Praxis des Handels mit cryptocurrencies wird eine Realität durch diese Antwort, es hat eine gesetzliche Regelung, um alle Arten von kommerziellen Austausch zu entwickeln, können Sie Zugang von der Website haben, sowie von einigen mobilen Gerät, obwohl ohne Registrierung können Sie die Funktionen beobachten.

Die Investitionsmärkte von eToro sind sehr vielfältig und attraktiv, die einzigen erforderlichen Daten sind Identifikation, E-Mail und ein Kontostand von etwa oder bis zu 100.000 Euro, um die Handelskapazität zu starten.

- **Naga**

Die Demo-Zugang zu der Welt der cryptocurrencies ist garantiert durch Naga, in der Lage zu üben, mit der ersten

Ebene-Tools, mit einer einfachen Registrierung Phase, es hat auch einen Betrieb für macOS und Windows, es ist ein Vorteil, mit der Macht der Makler wagen.

- **Libertex**

Der Kryptowährungsmarkt ist offen für ein effektives Training, und das Beste daran ist, dass man sich nicht registrieren muss, um jede Option zu finden, die mit einer Vielzahl von Geräten verfügbar ist und den Handel mit einem fiktiven Guthaben ermöglicht, wodurch der Preis von Vermögenswerten auf die Probe gestellt werden kann.

- **Handel.com**

Es wurde als eine breite Möglichkeit entwickelt, um Teil der Welt der Kryptowährungen zu sein, sein Demo-Betrieb ist von jedem Weg aus zugänglich, und zur gleichen Zeit nutzen alle Funktionalitäten, Zählen mit einem fiktiven Gleichgewicht von 10.000 Euro, all dies wird durch das Demo-Konto zur Verfügung gestellt.

Der beste Weg, einen Demo-Broker zu wählen, ist, die kostenlose Seite des Dienstes zusammen mit seiner Bedienung zu schätzen, die Absicht ist, ein Lernen zuerst zu haben, das folgende ist, die Aufmerksamkeit auf die Frage der Leichtigkeit der Registrierung zu widmen, ohne so viele Anforderungen dazwischen, und mit einem Zugang, der auf Sie zugeschnitten ist, ohne die Macht jedes Werkzeugs zu vergessen.

Alternative Methoden zum Geld verdienen mit Kryptowährungen

Über das Investieren und Abwarten von Kryptowährungspreisen hinaus gibt es eine Reihe von Möglichkeiten, mit Kryptowährungen Geld zu verdienen, jede mit ihrem eigenen Anteil an Risiken, Möglichkeiten und Techniken, und es ist entscheidend, auf diese Optionen einzugehen:

1. **Automatischer Handel**

In der Finanzwelt gibt es Handelsroboter, die eine großartige Option für diejenigen sind, die nicht genug Wissen über diese Welt der Investitionen haben, es ist auch ein wertvoller Weg, um Zeit zu sparen, da es nicht notwendig sein wird, Graphen und die Ereignisse der Märkte zu verfolgen, aber es ist immer noch ein riskanter Weg wie jede Investition.

Es ist eine Reihe von Software, wo Händler können Gewinne unter einem automatischen Modus zu genießen, sind Roboter, die Handelssignale zu erkennen, auf der Suche zu kaufen und zu verkaufen in einem Raum von großem Vorteil, es hängt alles von der Qualität des Algorithmus, sowie die Marktbewegung, es ist eine wichtige Fehlermarge.

2. Freie Kryptowährungen

Es basiert auf einer kostenlosen Alternative, um Teil der Kryptowährungswelt zu sein, obwohl sie im Allgemeinen nicht völlig frei sind, sie werden als Teil eines PoS (Proof of Stake)-Beteiligungsschemas verwendet, ohne den Beweis der Arbeit, sie sind Belohnungen, die in der Regel mittels Airdrops geliefert werden.

3. Wetten auf Kryptowährungen

Für Risikoliebhaber ist dies zweifellos ein Weg des reinen Adrenalins, da virtuelle Währungen begonnen haben, Teil der Glücksspielwelt zu sein, jede Wettplattform ist offen für den Zufall, durch den Sie Kryptowährungen gewinnen oder verlieren können, auf internationaler Ebene wurden exklusive Kryptowährungs-Casinos geteilt.

4. Gebühren für professionelle Dienstleistungen

Derzeit erfolgt die Abrechnung professioneller Dienstleistungen über eine Kryptowährung, so dass jeder Freiberufler eine vielseitige Option für sein Einkommen hat, es hängt alles von den Verhandlungen ab, die mit den Kunden geführt werden.

www.ingramcontent.com/pod-product-compliance
Lightning Source LLC
Chambersburg PA
CBHW070434220526
45466CB00004B/1679